チャールズ・A・ビーアド

開米 潤＝訳

大陸主義アメリカの外交理念

Charles A. Beard
A Foreign Policy For America

藤原書店

A Foreign Policy for America
by Charles A. Beard

Alfred A. Knopf, 1940

大陸主義アメリカの外交理念　目次

大陸主義アメリカの外交理念

凡例

一　強調を示すイタリックは傍点に置き換えた。
一　書名・雑誌名は『　』で示した。
一　原注は＊で示し、当該段落末に配した。
一　［　］は原著者による引用文への補足を示す。
一　訳者による補足は〔　〕で挿入し、長い訳注は（1）（2）……で示して巻末に配した。

コロンビア大学での私の元教え子であり、良き友人であるアルフレッド・クノップに、彼が設立した出版社の創立二十五周年を記念して、献呈する。

序文

本書は、今やアメリカ国民の心を支配しようとして互いに競い合い、そしてアメリカ国民にとって重大な結果を内包しているように思える外交政策の三つの概念についてのメモである。私は、本書は精密な科学であると主張をするつもりはないし、天からの啓示、あるいは人間の精神が到達し得る唯一の結論であるとも主張するものではない。これは一連の発見であり、一個の意見であり、一個の抗弁なのである。私は謹んで、わが同胞市民に、そしてわれわれ人類の供物に対して審判を下す法廷――「時」――に、本書を差し出し、その審判に従うものである。

私は、三冊の自著、"The Idea of National Interest"(『国益の理念』、一九三四年)、"The Open Door at Home"(『国内での門戸開放主義』、一九三四年)、"America in Midpassage"(『中道に立つアメリカ』、一九三九年)から自由に引用をする特権を与えてくれた、マクミラン・カンパニーに感謝の意を表明するものである。

一九四〇年四月、コネチカット州ニューミルフォード

チャールズ・ビーアド

第1章
外交政策の性格

実際に行われる外交政策というものは、単に、外国の、あるいは国際的と呼ばれる国境の外にある特定領域に関わる儀礼的な文書や外交辞令の交換だけにとどまるものではない。それは、その国にある利害関係、熱情、失望から発して、次々と、それらを覚醒させて、根本的なところに影響を及ぼすのである。いかなる時点においても、外交政策上の賢明で用意周到な諸決定は、破滅的責任からその国を守り、平和と安全のうちに、その国に自らの文明を発展させる可能性を与えるかもしれないのである。それに反して、愚劣で激情的な諸決定は、国家を、圧政、多額の借金、経済崩壊、戦争、死、大衆向きのアジ演説や騒ぎなどによるよりも一段と革命的な諸結果に巻き込みかねないのである。一九一四年夏、ウィーンで、外交当局が下したわずかな決定は、オーストリア・ハンガリー帝国の古代から続いてきた支配権を滅亡させる予兆であり、世界中に拡大する大惨事の前奏曲であった。

本来、それ自体に危機を包蔵している公式の外交政策は、常に少数の人間によって執り行われている。数え切れないほどの数の人々の生命、自由、資産は、今日、十人の手に握られているというのは真相に近いだろう。この点において、民主主義諸国家といえども、専制主義諸国家とさほど変わりはないのだ。すべての国々の外交は、必要に迫られて、通常、秘密である。専制国家と同じように、民主主義諸国家においても、わずか二、三人の人が、あるいはたったひとりの人が、決定を下し、事件を拡大し、戦争宣言を行う立法府の名目上の権限を空文化したり、新聞の力を役に立たないものにしたりする状況をつくり出すかもしれないのだ。

それでは政治のいかなる局面が、アメリカ国民にとってより重要であり、熱心かつ確かな情報に基づいた考察に値する、と言い得るのだろうか。

アメリカ外交政策の理念と実際

この国の外交政策は、政府が、他の国々やそれら国々の国民との関係を処理していくうえで追求すべき行動の一般的プログラムである。それは、格言、公理、あるいは公的なものとして受け入れられている諸原則、または日々、様々な状況から生じている具体的な事例に実際上、適用されている諸原則からなっている。まとめ合わせてみると、これらの原則は、一貫した全体を形作っている。それぞれの部分においては論理的であり、お互いがお互いを打ち砕くような矛盾を持ち合わせていない。それらの原則は、すべての外国政府との取引に適用されるものとみなされているので、必然的に、それらの及ぶ範囲内において、様々な文明、国家の形態、利益の構造とともに世界全体を包んでいるのだ。

政府が執行すべき外交政策は、政治家が立案したものであろうと、民間人が考案したものであろうと、世界と、政府が語っている国家のイメージに、それぞれ基づいている。このイメージは、現実に即したものであるかもしれないし、空想であるかもしれない。それは、つらい経験の数々、長年にわたる研究、広範にわたる旅行などから案出されたかもしれないし、あるいは、日常的な読書、噂、新聞の見出し、最近言われているような事柄からかき集められた細かな断片からなっている場合もある。それは、確かな情報でずしりと重くなっているかもしれないし、無益な希望でいっぱいになっているかもしれない。本来備わっている内容がどんなものであれ、それは、ひとつの世界観であり、世界の一部としての国家観でもある。思想がいかに混乱していようとも、あらゆる国家、行政区、帝国がそこから現れ、今もその中に存続している、全歴史の解釈でもあるのだ。

包括的で現実的な政策を樹立するには、諸国家からなる世界、つまり国際社会における自国のイメージだけでは十分ではない。他の国の統治階級や一般大衆の心の中に映るこの国のイメージも、確かな情報に基づいている政策を行うには、なくてはならない特性なのである。私たちは、たとえまれであっても、他の人々が私たちを見ているのと同じように、自分たち自身を、必ずしも見ているわけではない。しかし、そうした人々が描いている私たちのイメージは、すべての相互交渉において考慮されるべき決定的な因子なのである。台湾からそれほど離れていないフィリピンを征服したことを忘れてしまって、合衆国国民は、自らの政府を、極東の平和を好み、博愛に満ちたキリスト教使徒である、などとみなしているが、これは、日本の様々な階級や一般大衆が心の中に抱いているこの国のイメージではないのである。後者、すなわち日本の一般国民は、まったく別のイメージを抱いているのだ。そのイメージとは決して空想ではなく、東京の外交当局と様々なやりとりを繰り広げている合衆国政府にとっては、考慮しなければならない現実のひとつなのである。さらに言えば、ベルリンででっち上げられている大英帝国についてのドイツ政府公認のイメージは、ロンドンのイギリス外交当局が描いているものとはかなり違っているのだ。いかなる政治家といえども、他国の人々から嫌われるような非難を引き起こさずに、自国に関する自身たちのイメージは貪欲さや独善などで決して汚されておらず、他国の人々が抱いている自分たちのイメージは意図的に事実を歪曲したものである、などと信じるようなぜいたくを味わうことは許されるものではないのだ。現実に即して思考すると、少なくとも、こうした自分だけが心地よいものの見方を、純粋に楽しむことは許されないことなのだ。

知識を基礎とする諸国家からなる世界のイメージには多くの要素が含まれている――すなわち、国々の地理的な位置と国境、その民族構成、経済、商業を振興するうえで外に向けられた推進力、軍事基地の大きさとその性格、商人や製造業者の野心、政党や党派の対立、農業や産業が繁栄しているのか劣化しているのか、政治家が権力を追求するために提供するモノ、広く普及している文明の概念、国内政治や外交政策のイデオロギー、文学の傾向、教育システム、宗教上の利害関係、国内および外交政策における労働団体の役割、教育機関、新聞、ラジオ、コミュニケーション、あるいはプロパガンダに関して他の媒体に許される自由の程度、安全あるいは支配のための階級闘争。この長ったらしいリストにイライラさせられるにしても、少なくとも、これだけの要素を考慮に入れずに形作られた世界や諸国家のイメージというものは、虚構の性格を与えざるを得ないのである。

外交政策は、行動へと導くものであるから、そのイメージには、必要であると思われる物事、可能であると思われる物事、望ましいと思われる物事を、それぞれ含まなければならない。たとえば、太平洋の広大さは確かな事実である。海軍技術の発達もまた、確かな事実である。これらふたつの事実は、合衆国政府が極東に対していかなる外交政策を適用するにしても、必ず、考慮しなければならない要件である。その要件が無駄になるような政策を策定したり、それを強く主張したりするのはまったく意味がないことなのだ。

その必要性が満たされ、行動の可能性、あるいはどんな行動をするか、という選択の域に入った場合に、確かな情報に基づいた外交政策は、それらのことを考慮するようになるのだ。たとえば、世論の好意的状況があるとするならば、あるいは政府の手によってそうした世論の状況をつくり出せるとするならば、極東において、大英帝国と親密な協力関係を結ぶという選択肢は、可能な政策のひとつとなるであろう。可能性が生まれ、そして選択が許されるところでは、次に、望ましいのは何かということ、国家にとって、または世界にとっていいことは何かということが、外交政策を考えるうえでの構成要素となってくる。そして、未来に対してどのような希望を持っているかということが、過去と現在のイメージにつけ加えられるのだ。

外交政策は、他の国々の政府や利害に絶対的に関係してくるので、外交政策を現実的な立場に立ってつくり出そうとするならば、こうした他国の政府と利害に関する一般的な構造とともに、最近それらについてどのような処置がとられたかということに関する、正確な知識を必要とするのである。計り知れないほど多くのこうした知識は、間違いなく入手できる。しかしながら、そうした知識は、一部が不十分であるがゆえに、また、世界の様々な地域における公的及び私的生活の性格が急激に変化しているがゆえに、そのもっとも優れたところは、つかみ所がなくてわかりにくいものとなってしまうことがたびたびあるのだ。実例を挙げてみると、ワシントンの政府が、ある国の長年にわたって行われてきた関税措置が今後もそのまま持続される、という仮説に基づいて、政策を決めたとする。だが、相手国の政府や内閣が倒壊することによって、ワシントンの政府は、明日にも、これまでとまったく違った状況に直面するかもしれないのだ。ワシントンの政府がこれまで抱いていた知識も、一夜にして時代遅れのものとなってしまうかもしれない。ワシントン政府は、いかなる瞬間といえども、既に確立された制度というものは、程度の差こそあれ、目には見えない様々な力の作用を通じて、別の制度に変化する経過をたどってはいない、などと確信することはできないのだ。知っているのは当然と思われる行為も、見たままではないかもしれないのだ。すべての国の外交当局のもっとも事情に精通した官僚であっても、神の英知と洞察力を与えられてはいないので、重要な問題に関して自らが注意深く蓄えてきた知識が、あっという間に他の何かにとって代わられてしまったり、あるいは、まったく当てにならなくなったりするかもしれないのである。

たやすく誤報や見当違いになってしまいがちな情報に基づいて行動することの危険というものは、各国政府が自国の権益を保護し、促進させようとして行っている秘密交渉によって、特に、複雑化していることだ。たとえば、歴史において、そんなに長い期間でもない三世紀間を例にとってみよう。堅固だと思われていた同盟も、突然、破棄され、仇敵同士がたちまち親しい友好国の関係に変化したり、温かい友情も、あっという間に憎しみにあふれた敵意に変わったりしている。現在の国家の位置づけが、永遠に、あるいはほんの一週間だけ持続するという仮定の下に、アメリカのヨーロッパやアジアに対する外交政策を表明することは、敗北しないにしても、混乱と無益を生む危機を招くことになる、ということは確かなのである。

友情と敵意の相次ぐ転変と、それらに関する仮説から生まれた政策の混乱を示している多くの実例の中で、いわゆる枢軸連合の運命と、ルーズベルト大統領が一九三七年に行った〝隔離〟演説[1]ほど印象的な実例はない。その当時、ベルリン、ローマ、東京は、ロシア(ソ連)に対する防共協定[2]によって、また、西欧民主主義諸国に対する一般的な了解事項によって、堅固に結束しているようにみえた。三ヵ国の盟約は、しっかりと封印され、枢軸諸国のスポークスマンは、永遠不滅の団結を宣言することで、世界を埋め尽くした。

この枢軸連合は現実であり、それ自体が人類の平和を脅かすという仮説の下に、ルーズベルト大統領は、他の諸国に対して、これらの国々を隔離する政策で一致団結するよう求めた。大惨事が起こってしまえば、アメリカがそれを免れることはできない、と宣言したのだった。しかし、二年もたたないうちに、ベルリンは、枢軸諸国の敵と目されていたロシアと緊密な連携を結ぶことによって、枢軸を崩壊させてしまった。また、かつては燦然と輝く平和の戦士と目されていたロシアは、自分たちのために進んで侵略者となった。そして非常に恐ろしい大惨事が起きた。

それにもかかわらず、その当時、ルーズベルト大統領は、アメリカの不変の政策として戦争不介入を宣言したのだ。それから数か月もたたないうちに、大統領は、道義上の平和の敵である、とつい最近まで非難していたイタリアとドイツの独裁者と平和問題について協議するため、サムナー・ウェルズ[3]を、移動全権大使としてヨーロッパに派遣した。こうして、欧州連合に巻き込まれまいとする機運に対して、ワシントンが発した警告の現実主義と、アメリカの政策を欧州の転変極まりない流砂の上に置くことに反対する細心の原則が有用であることとが、改めて、痛烈に実証されたのだった。限られた、あるいは当てにならない知識に基づく行動に潜んでいる危険が、もう一度、立証されたのである。

外交政策と国内政治

外交政策は、世界のイメージのなかで策定されるけれども、それは国内政治の一局面であり、内政とは切り離せないものである。この点は、どんなに強く強調しても、し過ぎるということにはならないし、あるいはどんなに頻繁に繰り返しても、し過ぎるということにはならない。外交政策は、国内の利益が何であるかを表明するとともに、国内でのそうした利益を実施する、あるいはそれらを規制する国内法をつくり、管理する政府と、まさに同じ政府によって策定され、実施されるのである。理論家たちは、これとはまったく反対の議論をするかもしれない。だが、それは成り立たないのだ。なぜならば、外交政策を立案するような指導的な政治家たち、あるいはそうでない政治家たちと、国内政策を策定する政治家たちとの間に、あるいはまた、外交政策に含まれる利害と国内政策に深く絡まっている利害との間に、それぞれ明確な一線を引いて、区別することはできないからである。それゆえ、国際関係の領域における、あらゆる主要な行動は、アメリカ社会の成員としてのアメリカ市民の権利、特権、利潤、所得、文化的価値に、多かれ少なかれ、深く影響するのである。

国内政策を決定するうえで力のある私的利益を追求している多くの人々は、現実の通商貿易、あるいはその可能性を通じて、多かれ少なかれ、諸外国の同様の人々の運命と密接な関係を持っている。たとえば、商品販路を海外に求めている綿花や小麦の生産者は、外国の綿糸製造業者や織物業者の経営状態に深い関心を持つとともに、そうした商品の流入に影響を及ぼす外国の関税政策にも、深い関心を持っている。また、自らが生産した大部分の商品を外国で売りさばいているアメリカの製造業者は、しばしば、外国の競争相手と熾烈な競争を演じている。アメリカの権益は、さまざまな競争や提携を通じて、国境を越え、海外へと発展しているのだが、対外関係を処理するうえで、ある程度、政府の支援を受けている。したがって、こうした利益を有する人たちが座るイス、つまりその拠点は、主として合衆国国内にある一方で、彼らは地球の果てにまで影響を及ぼす可能性があり、また、しばしば影響を及ぼしているのだ。こうした内外の影響を解明することは、外交政策の誘因と性格を包括的に探究するうえで、欠くことのできない機能となるのである。

このようなわけで、外交政策上のある問題が提起される場合には、以下のような三つの問題を検討することがただちに必要となる。すなわち、①その外交政策は、国内の特別な利益団体に対して、また、彼らの海外での関係先に対して、どのような関係があるのか。②その外交政策は、こうした利益団体や国家利益の大部分に対して、どのような影響を及ぼすのか。③その政策を立案するのは誰か――という問題である。

たとえば、通商政策は、輸出及び輸入業者の双方に関係し、国内市場向けに商品を生産している製造業者や農民にも影響が及ぶ。高関税は、国内法に基づくものであろうと、条約に基づくものであろうと、あるグループには不利に働き、別のグループには有利に働くのだ。それと同時に、高関税は、軍需産業と国防に備えるべき国家利益に直接、関係しているのだ。

外交及び国内政策は、同じ物事の分かち難い要素であるという事実を無視し、あるいは特殊な利害関係が、外交及び国内政策に及ぼす影響を度外視したりすると、実際の状況をゆがめて伝えたり、外交政策に錯覚を導き入れ、行動を具体的に起こす場合に、失敗のリスクを招く結果となる。故意にこうしたことをするというのは、国民に対する意識的欺瞞である。

外交政策の重大な特徴と、それに含まれる知識と解釈の危険性を考えるとき、外交政策を策定する者の経験、創意工夫の能力、明確に立証された権限が、もっとも優先的に考慮されなければならない問題であるということになる。外交政策の決定者は、果たして、アメリカや他の国々の歴史、様々な慣習、諸制度に精通しているのだろうか。彼らは、重大な関心事に携わるうえで、外国の代表者と交渉する立場にあったのだろうか。彼ら自身はその公的生涯において、統治技術について十分な知識を有し、人間性の洞察、交渉のスキル、政治諸制度を動かす巧妙さ、権力の潜在力とその限界に対する感覚を持ち、合衆国の繁栄にもっとも高い関心を寄せているということをこれまで証明してきたのだろうか。あるいは世界イメージを描く者というのは、机上の空論家であり、言葉や羊皮紙でできた文書、封蠟をもてあそぶような人々であり、そしてアメリカ文明以外の何ものかに愛情を注いでいるような人たちなのであろうか。国際情勢の領域において、合衆国を代表して行う公的行動の第一義的な目的を達成し得る最高の外交政策を、競合する様々な外交政策の中から選び出すにあたって適用すべき試金石は、まさにここにあるのだ。

第2章
アメリカの大陸主義

合衆国の基本的な外交政策は、便宜上、アメリカの大陸主義と呼べるかもしれない。このふたつの言葉〔Continental 大陸と Americanism アメリカ主義〕は、南北アメリカ大陸に利害関係を集中させることであり、様々な点において、アメリカ大陸の生活様式やアメリカ大陸の伝統に特有の文明を建設することに集中することを意味している。具体的には、このふたつの言葉は、ヨーロッパとアジアの紛争や戦争に介入しないことを、ヨーロッパあるいはアジアの諸国、諸制度、帝国主義的野心がこの西半球に侵入してくることに抵抗することを、それぞれ意味している。この政策は、積極的であり、明快である。そして、この政策は、アメリカ共和国が建設され、民主主義が拡大し、そしてアメリカ文明が発展するにつれて、首尾一貫、維持されてきたのである。

このように、外交政策に庇護されてきたアメリカ文明は、ヨーロッパの半封建的な文明と著しい対照をなしており、アメリカは、久しく、すべての国々の抑圧された人々の避難所とみなされてきた。アメリカは、あくせく働く大衆に対して、徴兵制度によってかき集められた巨大な軍隊や、驚くほどの借金、そして山のように高い税金といったものがない国家の実例を提供し、それを誇りとしてきた。この制度が続いてきた百年以上の間、何百万人もの移民たちが、ヨーロッパの戦争、圧迫、迫害、貧困から逃れ、この地に安息の地を見出したのだった。そして大衆に同情を寄せる進歩的なヨーロッパ人は、合衆国の幸運を喜ぶとともに、多くの欠点があるとはいえ、地球にはびこる数々の専制政治を前にして、この大陸で実証されてきた自由を喜ぶのだった。

単なる理論や伝統への固執と信奉が、大陸主義の発生と成長とを特徴づけたわけではなかった。この政策は、建国初期の共和国が危急に対応するために、現実的に構想されたものだった。そして、ヨーロッパの野心、紛争、戦争などといった苦難の変遷とともに、途切れることのない様々な経験を通じて発展してきた。別の政策が提唱され、それらがすでに確立されたコースを逸脱した場合でも、大陸主義は、アメリカ外交政策に関する思想の推進力を維持してきた。

大陸主義とアメリカ文明

この大陸主義は、長年、アメリカ文明という概念と結びつけられてきた。初めのうちは、この大陸主義は、主として、新興の共和国にとってふさわしい文化の形態に関係していた。アメリカ史の中期において、アメリカ文明は、民主主義の前途洋々たる展望の影響の下に拡大され、補強されていった。後年、産業主義がかなりの広がりをみせたにもかかわらず、アメリカ文明の特質は、アメリカの様々な事象*の進路を決定していくうえで、力強い要因となったのである。その政策の考案者、推奨者、そして擁護者たちは、始めから終わりまで、アメリカ生活の現実に、これを、しっかりと固定しようとしてきた。

＊共和国初期と民主主義時代におけるアメリカ文明の概念については、チャールズ・A・ビーアドとメ

アリー・R・ビーアド共著『アメリカ文明の興隆』（"The Rise of American Civilization" 一九二七年、マクミラン・カンパニー）第一巻を参照。

大陸主義の原型は、アメリカ共和国の創設者たちによって形成された。彼らは、経験豊富で、行動的、そして有能な政治家だった。彼らは、革命を成し遂げ、長期にわたる戦争を遂行し、諸外国との折衝を成功させ、長年にわたる努力を、称賛に値する結果へと導いた人々であった。彼らは、大激動期の混乱や騒擾に直面しつつも、憲法を起草、施行した。そして、その憲法は、百五十年以上もの間、暴風雨に耐え忍び、生き延びてきたのだ。彼らは、選挙で熱狂していても、複雑に入り組んだ外交においても、議場で激しい意見を闘わせていても、常に、知識と優れた判断力に欠けることのない人々であった。もし、過失や判断ミスが、彼らが行った様々な措置にあったとしても、彼らの長年の努力は、彼らが成し遂げた業績の数々によって、報いられたのだった。彼らは、そうした厳しい経験から、自分たちが維持、発展させていかなければならない共和国の姿を描くとともに、自分たちの手に管理が委ねられている実際の利害関係、その政策と軍事力が自国の運命に深く関わってくることになる諸大国の姿を、それぞれ明確に描き出したのだった。

とりわけ、彼らを完全に一致団結させた意見は、ヨーロッパは絶えず戦争を行っている、あるいは戦争を行うための準備段階として陰謀を企てる政府の集合体である、というものだった。彼らが残した公私にわたる文書は、こうした意見について、十分な量の証拠を示しているのだ。独立するための闘争が始まったのは、七年戦争[1]の残響が依然、消え失せない時期だった。合衆国の新憲法がまさに施行されようとしていた時、ヨーロッパはフランス革命[2]の影響で、真っ赤に燃え上がった。そして小休止はあったものの、一七九三年から一八一五年までの二十二年間続いた海陸にわたる戦争に悩まされたのだった。トーマス・ペイン[3]が、イギリスとの関係を断つ根拠のひとつとして、イギリスがヨーロッパで行っているすべての戦争に巻き込まれるのを避けたいという希望を挙げたのは、もっともな理由であった。彼は、その著書『コモン・センス』で、次のように述べた。「イギリスに屈服、あるいは従属すると、ヨーロッパの戦争や紛争に、この大陸を、巻き込んでしまいやすい。……ヨーロッパは、王国が密集しているので、長い間、平和を保つことができないのだ」。

このヨーロッパに関するペインの見方は、ジョージ・ワシントン[4]によって快く受け入れられた。ワシントンは、この『コモン・センス』というパンフレットを、「健全な原理であり、反論の余地のない論理である」として同胞たちに推薦したのだった。彼は、離任演説の中で、ヨーロッパの「たびたび起こる紛争」に言及、「その原因は、われわれの関心事とは本質的に無関係」であり、「イギリスの友好国と敵対国との提携と反目にある」ことを示唆した。ワシントンがアメリカ国民に警告したのは、まさに、われわれの平和と繁栄を、ヨーロッパの野心、敵対関係、利益、気まぐれ、あるいは突然の心変わりといった苦労の網に巻き込まれないようにすることであった。

これらの言葉は、個人的に発せられた軽い言葉でもなければ、論争の真っただ中で発せられた怒気に満ちた絶叫でもなかった。それどころか、これらの言葉は、同時代の人々と次世代の人々に対して発せられた、重みがあって、高尚な言葉であった——つまり、長年にわたる様々な経験から熟成された堅固な信念の表現なのである。

ワシントンの後継者であるジョン・アダムズ(5)は、歴史の研究と長年にわたる個人的な接触を通じて、ヨーロッパとヨーロッパの外交について知っていた。大統領に当選する以前、彼は、アメリカ代表として、オランダに駐在していた。一七八三年には、イギリスとの平和交渉を任せられた代表団の一員であり、ロンドン駐在のアメリカ公使だった。大統領在職中、アダムズは、ヨーロッパの野望と競争についての直接的な経験を深めるとともに、広げたのだった。

アダムズは公職を去った後、アメリカが交渉を行わなければならなかったヨーロッパについて以下のように描写した。「イギリスとフランスが繰り広げた公開の交渉と秘密の陰謀は、何世紀にもわたって、あらゆるヨーロッパ諸国と宮廷において行われた。過去百年間にわたる、スペイン、オランダ、ドイツ、ロシア、スウェーデン、デンマーク、プロシア、イタリア、トルコの歴史を振り返ってみよ」。また、別の機会に、アダムズは「ヨーロッパのすべての国々は絶えず、われわれに働きかけて、彼らの現実の、あるいは仮想の勢力均衡に、われわれを引き入れようとするだろう」と宣言した。直接の観察と徹底した研究によって、この結論に達した彼は、「われわれわれはできるかぎり、またはできるかぎり長い間、すべてのヨーロッパの政治と戦争から自らを隔離しなければならない」と確信するに至った。

トーマス・ジェファソン(6)は、ジョン・アダムズに劣らず、ヨーロッパについて豊富な経験を重ね、ヨーロッパの諸事情について学んでいた。一七八五年から一七八九年にかけて、彼はフランス駐在のアメリカ公使だった。ワシントン大統領の下、国務長官を務めた期間と、ナポレオン戦争(7)期の八年間、ホワイトハウスの主人となったジェファソンは、旧世界の公使たちと折衝しなければならなかった。公的生活から引退してかなり経った後に、ジェファソンは、苦労して手に入れたヨーロッパ諸国に関する自らの考えを、モンロー大統領(8)に次のように伝えた。「彼ら相互間の猜疑心、勢力均衡、複雑に絡み合った同盟関係、政治形態と原則は、すべてわれわれにとっては異質である。彼らは永久戦争の国々である。彼らの精力はすべて、国民の労働力や財産、そして生命を破壊するために消費されている。では、われわれの側は、ヨーロッパとは正反対の制度、つまり平和と人類の友愛を基礎とする制度を試み、そしてわれわれの全財産と能力とを、破壊ではなく、進歩のためにふり向けようとしている。これほど有益な機会に恵まれている国民は未だかつてないのだ」。ジェファソンは、事実上、ヨーロッパの国々が破壊をしている間に、われわれはここで建設し、進歩しよう!と語ったのである。

アメリカの大陸主義の発祥とその確立

これら三大統領は、合衆国あるいは旧世界において、ヨーロッパ政府の代表と親しく接触してきたことを通じて、内政問題に対処し、国際関係を運営するにあたって合衆国がとるべき建設的な政策の骨組みをつくり上げた。この政策は、一七九三年、ヨーロッパの戦争が勃発した際に、ワシントン大統領がアメリカの中立を宣言した際に表明したものだった。[9] それから、ワシントンは、自らの離任演説において、この政策をより詳細にわたって説明したのである。

ワシントンは、ヨーロッパに直接的に言及し、同胞たちに対して「ヨーロッパ政治の通常の移り変わりに、あるいは友邦国と敵国との間で、常時行われている提携や反目に、不自然なつながりを持つことによって」自分たち自身を関係させないよう警告し、そして「自分たちの運命を、ヨーロッパのいかなる部分の運命にも巻き込むこと」がないよう警告した。われわれの真の政策は、「外の世界のいかなる部分とも新たに恒久的な同盟」を結ぶことを避け、いかなる国からも「私心のない好意」を期待されるのを避けることにある、と語った。こうして、アメリカは、政府の外交政策によって、ヨーロッパのどの部分の運命にも巻き込まれない、独立した共和国と考えられるようになったのである。

しかも、ワシントンは、ヨーロッパにおける争いは、アメリカ大陸に領地を有する諸国家間の西半球における戦争を導き、ヨーロッパ諸国の野心は、合衆国の周辺地域に新たな征服計画を思い起こさせるかもしれない、ということを十分に認識していた。それゆえに、彼は、そのような性格を有している紛争や戦争に、特に注意を払ったのだ。ワシントンは、合衆国が自己の利益に動かされ、自国の福利を向上させるために、大西洋のこちら側で発生する、そしてこの国の安全を危うくする、ヨーロッパ戦争の延長線上にある偶発的事件に、合衆国が参加する可能性があることに気づいていたのである。

このような不測の事態に備えて、ワシントンは、連邦の機能を強化することと、適切な〝自衛のための〟軍隊を創設することを主張、その結果、〝そんなに遠くない〟時期に、合衆国は、間違いなく、数々の挑発に大胆に立ち向かい、そして「正義によって導かれるわれわれの利益が推奨してくれるように、平和か戦争のどちらかを、選ぶことができるのだ」と述べた。このような自衛的行動をとる場合には、必要ならば、「われわれは、つつがなく、一時的な同盟を信頼するであろう」。

これはやみくもな孤立主義ではなかった。諸外国とのあらゆる協力を否定するものでもなかった。これは、ヨーロッパの何らかの連合、あるいは勢力均衡のためではなく、すべてわれわれの運命と大陸の安全のために、平和か戦争かのどちらかを選び、そして外国政府との間で、一時的な取り決めを結ぶための積極的な政策綱領なのである。

ヨーロッパ政治の〝通常の〟変遷、〝一時的同盟〟、ヨーロッパで始まった戦争に参加する可能性、そして平和か戦争のどちらかを選ぶことを論じているワシントンの演説のこうした言葉は、しばしば、文脈より外れて、歪曲されてきたし、発言者の精神と政策とまったく相容れない意味を与えられてきた。それらの言葉は、ワシントンの政策が特定の状況下において、あるいは将来において、ヨーロッパの勢力均衡を是正し、あるいは直ちに、そして直接的に、合衆国の安全を脅かすことのないヨーロッパの紛争を解決しようとするアメリカの行動の正当性を認めるものだ、という意味に解釈されてきた。ウィリアム・H・スワード[10]は、国務長官として、正当な根拠もなく、一八六三年に書かれた外交文書のなかで、こうした感想を伝えていた。その後、ヨーロッパの会議に積極的に参加すべきである、と主張する人々も、歴史的に確立された原則から逸脱しているのにもかかわらず、それを正当化しようとして、ワシントンの言葉に、似たような解釈を付与した。

しかしながら、ワシントンの政策全体と大統領としての行動とを照らし合わせてみると、こうした言葉は、ただ単に、アメリカの利益圏内で実際に起きる戦争に介入する可能性を意味しているだけにすぎず、通常のヨーロッパ政治の変遷に介入する可能性があることを意味しているわけではない。彼が行った公式の措置の数々が、こうした解釈を裏付けているのだ。一七九三年にヨーロッパの戦争が勃発したあと、ワシントンは、徹底した中立を勧告、実践した。交戦国が、アメリカ貿易に略奪を加え、苦しめる一方で、フランスの理念を支持するアメリカ人たちが、新たな革命運動への支援を呼びかけたにもかかわらず、である。フランスの略奪行為が理性の限度を超えてしまうと、ワシントンは、アダムズ大統領の招請に応じて、陸軍司令官として、祖国の防衛戦争に尽力したのだった。

ワシントンの演説や公的活動のどこにも、近い将来、合衆国がヨーロッパ諸国の提携と反目に介入すべきである、あるいは欧州大陸の内部紛争を解決する努力に参加すべきである、という考えを容認したところはまったくない。彼の政策は、合衆国の防御的安全を強化するために慎重かつ丹念に計画されたものであって、ヨーロッパのあやまちを是正したり、アメリカの諸制度の採用を外国に強要したり、あるいは何らかの国家グループの協力によって、世界の永久平和を実現しようとしたものではなかった。

ジョン・アダムズの外交政策も、ワシントンのそれと同じ方向性を、同様に堅持していた。彼は、早くも一七八三年には、諸外国政府がヨーロッパの利害衝突に合衆国を引きずり込もうと画策していることを喝破していた。そして「余計な世話を焼かないことを自分たちの原則とすべきである」と宣言した。別の紛争に関して、アダムズは次のように声を上げた。「私は、駐英スウェーデン大使のノルケン男爵とまったく同じ考えです。……彼は『閣下、われわれがヨーロッパにおいて激しく対立し、その結果、共倒れになるのを、哲学者のように落ち着き払って眺めているだけの分別をあなたが持っていらっしゃることを、私は当然だと思っています』と語った」。大統領として、アダムズは、ワシントンが策定した中立政策を踏襲した。彼は、フランスの諸党派の争いやヨーロッパの諸政府の争いに参加しようとは思わなかった。アメリカの利益圏を守るために、彼は、最後の一ペニーまでも費やす覚悟であった。しかし、たとえそうであっても、彼は、フランス政府とけんかの仲直りをするために屈辱的と思える犠牲を払った。引退後、彼は「ヨーロッパの政治と戦争」を最大限忌避するという原則を首尾一貫して順守したことを、正当化するとともに、誇りに思っている、と述べたのだった。

ジェファソンは、ヨーロッパの国々は「永久戦争の国々」であることを確信していたので、ワシントンやアダムズを悩ませた以上の試練の真っただ中にあっても、中立政策に固執した。すなわちそれは「ナポレオン戦争」への非関与政策である。彼は、人生を終えるまで、旧世界のいかなる紛争に巻き込まれることにも反対した。マディソン(11)も、自身が大統領になってから、この政策を忠実に守った。

合衆国は「一八一二年、ヨーロッパの戦争に参戦した」あるいは「引き込まれた」などとしばしば言われているが、このような言い方は、比喩的であると同時に間違っている。合衆国は、もっぱらアメリカの利益に立脚して、イギリスに戦争宣言を発したのである。合衆国は、フランスの同盟国でなかったばかりか、〝仲間〟でさえなかった。イギリスに対抗して隊列を組んだ諸国家に協力するため、軍隊や軍艦を派遣することもしなかったのである。

一八一二年の戦争[12]は、最初から終わりまで、実質的に西半球における英米戦争であった。それは、ある程度、ナポレオン戦争の経過中に起きたアメリカ貿易に対する不法行為をめぐってのものだった。それ以上に大きい要因は、カナダとフロリダ[13]を奪取したいというアメリカの政治家たちの欲望にあった。この戦争は、単に、公海やアメリカ大陸にある合衆国の利益に関係しているというだけで、その意図や行動において、ヨーロッパの戦争を解決する、全面的和平の大義を前進させる、勢力均衡を変更する、フランス帝国を精神的にも物理的にも支える、ヨーロッパ地図を書き換える、あるいは国民的な大十字軍によって、アメリカの諸制度を海外に広める、といったこととは、まったく関係がなかったのである。

こうしたスタイルのアメリカの外交政策が、ヨーロッパの国家システムとのあらゆる関わり合いを排除したことは、ロシア政府が、直接的にではあったが非公式に、神聖同盟[14]として漠然と知られている「平和連盟」に、合衆国が加わることを提議したときにも、明確にされたのである。一八二〇年に書かれた駐露アメリカ公使宛ての手紙の中で、国務長官のジョン・Q・アダムズ[15]は、同盟の崇高な原則に、明らかにいささか皮肉まじりの敬意を表したものの、表面上、何ら害がないようにみえたにもかかわらず、その同盟に関係することを巧みに拒否したのである。

アダムズはこう述べた。「合衆国の政治システムは、本質的に非ヨーロッパ的である。ヨーロッパの政治システムと、断固かつ慎重な態度で、一切の関わりをもたないことが、一七八三年の講和以来、今日に至るまで、アメリカ政府のあらゆる政権下において、政策の基点であった。……年ごとの経験が、この政策を、国民の諸原則と世論の中に、より深く打ち込んでいる」。こうして、合衆国は、ヨーロッパの平和と政治的現状維持という、うわべだけの目的のために、十九世紀に創設された第一次連盟(16)の盟主たちに対して、自分たちは、その非ヨーロッパ的立場を捨て去ることができないこと、ヨーロッパ各国政府の集団的努力に、たとえ国家間交流に「博愛と兄弟愛というキリスト教の行動原理」を適用するためであっても、自分たちは関係することができない、と丁重にだが断定的に、通告したのだった。

神聖同盟に加盟するよう、非公式に招請されたのを拒否してから三年後、合衆国は、スペインとその植民地間の紛争を解決するために、イギリスと協力してほしいとの提案を、同じように丁重に拒否した。合衆国の対ヨーロッパ外交政策は、スペイン問題に関連して、一八二三年十二月、モンロー大統領の教書によって、もう一度、明確に宣言されたのである。「合衆国の国民は、大西洋の「向こうの」……自由と幸福を、強く支持する心情を抱いている。われわれは、彼ら自身の問題に基づくヨーロッパ諸国の戦争に、これまで一度も参加したことはなく、また、これに参加することは、われわれの政策と適合しないのである。われわれの権利が侵害されるか、あるいは甚だしく脅かされたときにのみ、われわれは、その侮辱に腹をたて、あるいは自衛戦争の準備をするのである。われわれは必然的に、この西半球の動きに、どこよりも直接的に関係するのだ。そしてその理由は、すべての見識ある公平な観察者たちには明白であるに相違ない」。その翌年、モンローは再び、合衆国は、ヨーロッパ各国の戦争、それらを生む原因、あるいはあちら側の半球で勢力均衡が震動していることにまったく関心がない、と宣言した。

モンロー大統領は、一八二三年の有名な教書で、ヨーロッパ政治への不干渉を、アメリカの政策として確認するとともに、ヨーロッパ諸国の西半球におけるいかなる形式の行動が、アメリカの諸制度への侵害とみなされるべきか、をはっきりとさせた。それらは三つあった。一番目は、ヨーロッパ諸国が、独立を宣言し、それを維持しているラテンアメリカ諸国を再び、征服し、圧迫する、あるいは彼らの自由に干渉しようとするすべての試みを、合衆国は非友好的な行為とみなす。二番目は、合衆国は、新世界に対して自分たちの専制政治を押し広げようとするヨーロッパ諸国のすべての努力を、懸念をもって眺める。そして三番目は、合衆国は、ヨーロッパの国々がこの西半球において領土的な要求や自分たちの領地を拡張しようとする、あらゆる試みに抵抗する——というものだ。

要するに、合衆国はヨーロッパの政治に介入することを控え、それと同時に、新世界に対するヨーロッパのこの種の干渉に反対するということである。この政策の枠内において、商取引、外交、友好関係の規則が順守されるということであった。

行政部門が、国際問題の処理に当たって、ヨーロッパの紛争や国際会議に加わることを拒否するという明確な政策をとる一方で、連邦議会もまた、様々な政治的扇動や脅しがあったにもかかわらず、行政部門と同じ路線を追求した。ジェファソンのリパブリカン〔民主共和党〕党員たちは、フランス革命への同情をかき立てたり、議会で騒ぎを起こしたりすることによって、フェデラリストに反発することを政争の具にしようとしたけれども、彼らは、中立の原則を破ったり、イギリスとフランスとの間の紛争に合衆国を巻き込んだり、あるいは戦争へと直接、導いたりするような行動を起こす一歩手前で、慎重にも、踏みとどまった。彼らの一部は、中立政策は卑劣であり、イギリスに対する降伏である、あるいは共和主義の大義に対する裏切りである、と指摘した。だが、彼らが、本当に戦争を欲していたとしても、議会や国民を説得することはできなかった。

遅ればせながらあとで分かったことだが、次に国民感情があらわになったのは、フランス共和国そのものに対してであった。「国防のためには何百万ドルを投ずるも、支配者への税金には一セントたりとも出さない」との叫び声が高まる真っただ中で、限定的な海戦が、フランス共和国政府に対して始まった。アメリカ国民がかつて、国民支配の勝利を約束させるものとして大いに熱狂した、フランスの大動乱は、ルイ十四世を赤面させるほどの権力政治を追求するナポレオンの専制政治に行き着いたのだった。

アメリカの大陸主義の危機

一八一五年、ウィーンでの全面的な平和と和解の後、まもなく起こった革命と戦争は、アメリカ外交政策の問題を、あらためて惹起した。トルコのくびきから自らを解放しようとしたギリシャ人の英雄的な闘争[17]は、アメリカ国内における騒乱の導火線となった。様々な会合が開かれた。世論はひどくかき乱された。ギリシャの政治運動を支援するために資金集めが行われた。反乱は、残虐で非道の異教徒に対する、高潔なキリスト教徒の戦争として描写された。反乱は、専制政治に対する自由を獲得するための、迫害に対する人権を擁護するための、そして異教徒支配に対する自治奪還のための闘争として、劇的に表現された——それらはすべて、おびただしい数の残虐行為に関する報道によって、ますます増幅されていった。

やがて、大きな運動が首都に向かって進んで行った。ギリシャ独立を支持する国民全体の請願書が、連邦議会下院に出された。もうひとつの建議が、ボストンのダニエル・ウェブスター[18]から出された。サウスカロライナ州議会は、合衆国政府によるギリシャ独立の承認を提案した。ギリシャを救済するための資金支出を認めようとする動議も、連邦議会下院に出された。

しかし、そうしたことを求める言葉とは違い、行動そのものは、中立と不干渉という、これまでの路線の範囲内にとどめられていた。最初の請願書は棚上げされた。ウェブスター氏の請願書に関する討議は、実際的成果を、何らもたらさなかった。救済資金を支出しようとした動議も否決されてしまった。そうこうするうちに、合衆国は、自由が獲得された後になって、ギリシャの独立を承認、そして新しい国家と通商友好条約を結んだ。だが、公式的には、いかなる点においても、合衆国は、不干渉政策から離れることはなかった。

一八四八年に起きた、次なる革命と戦争の大きな暴発もまた、合衆国内において大きな動揺を引き起こした。合衆国内の喧噪は、しばらくの間、合衆国が、中立と不干渉の原則から離れることを約束したもののように見えた。オーストリア支配に対するハンガリーの反乱が、帝政ロシアの支援によって鎮圧されたとき、アメリカ人の同情は、大いに覚醒された。ハンガリー独立を承認する適切な理由を見出し得るかどうかを確かめるために、あるアメリカ人の密使が、ウィーンに派遣された。オハイオ州選出の下院議員は、ハンガリーの自由を獲得するための闘いにロシアが干渉していることに対して、大声を挙げて非難した。このときもまた、数々の会合が開かれた。そして新聞紙面は、オーストリアとロシアを攻撃する記事で満ち溢れた。多くの請願書が起草され、署名された。オーストリア政府が、ワシントンに駐在する同国代表を通じて、当時の米ホイッグ党[19]政権がハンガリーを承認するかどうかを調査する権限を、その密使に与えたことについて抗議を行ったときには、まさに火に油を注ぐ格好となった。

その当時、合衆国は、奴隷問題をめぐって生じた重大な危機に直面し、分裂していた。奴隷問題を起因とする危機は、一八五〇年のいわゆる大妥協[20]によって、一時的に鎮静化しているにすぎなかった。奴隷制度反対運動の鎮圧に熱心だったホイッグ党の指導者らが権力を掌握していた期間は、不安定なものだった。ハンガリー反乱[21]がもたらした好機は、彼らにとって、天の賜物といってもいいものだった。ハンガリーの反乱は、アメリカ国民の間で、とりわけ、民主党員の間で強かった、ヨーロッパに対するアメリカ人の自由愛の精神に訴え、国内の民心を大いに転換させることを可能にしたのだった。

ダニエル・ウェブスターは、国務長官として、その雄弁、毒舌、大言壮語といったすべての能力を奮い起こして、オーストリア政府の抗議に雷のような激しい対応を行った。彼は、アメリカ共和国が偉大であり、広大であることを誇示し、それと比べれば、オーストリアの支配する領地は「地球表面の、ほんの一片の継ぎ当て布程度にすぎない」と断言した。予想通り、合衆国内の新聞は、反対党の新聞であってさえも、ウェブスターの雄弁の爆発――翼を大きく広げた鷲のように、大上段に構えた愛国主義的態度――に拍手喝采して、歓迎した。都合がよいことに、そのおかげで、ホイッグ党員と民主党員たちは、ウィリアム・ロイド・ガリソン[22]と彼の率いる〝騒々しい楽隊〟が〝太鼓をドンドンと打ち鳴らして〟人々を扇動しているのを忘れることができた。

ハンガリー独立運動の勢力を調査するために、アメリカ人の調査官を派遣したことに対するオーストリア政府の抗議を公式に拒否する正当な理由がいくつかあったことは確かである。合衆国は、ほとんど実情に通じていなかったにせよ、ハンガリーに対する国民の同情は心からのものだった。しかし、ウェブスターの念頭には、国内政治の問題があった。彼に、大統領への野心がないわけではなかった。彼は、奴隷問題を巡って怒号が飛び交うほどの激しい議論や、増大する南北分裂の危機に脅威を感じていた。彼はひそかに、ひとりの友人に次のように告白した。オーストリアに対して激しい文書を発するに際して、自分は「国家威信に触れるとともに、分裂を口にする者には、自分たちは、羊のように気が弱く、愚か者である、と感じさせる文書を書こうと思っている」と。ここには国家経綸のための古来の原則——すなわち〝めまいがするほど浅はかな人心〟を〝外国ともめごと〟を引き起こすことで外に転じてしまう——が再び、示され、実証されたのである。

合衆国政府は、しばらくの間、自らの大陸政策を放擲し、公式にヨーロッパ政治の変動に加わろうとしているかのようだった。連邦議会の決議を拠り所に、一隻のアメリカ軍艦が、ハンガリーの英雄、ラヨシュ・コシュート[23]をトルコの隠れ家から移動させるのに使用された。コシュートがアメリカに到着したとき、詩人ロングフェロー[24]が、一連の歓迎式典で次のように表現したように「頭がおかしくなるほど熱烈に」国民は歓迎したのだった。コシュートは、国務長官のウェブスターによって、大統領に紹介され、上院、続いて下院に公式に迎えられた。そして連邦議会による歓迎宴会が開催された。ウェブスターはそれに出席し、「ハンガリーの独立」を要求した。これは、ヨーロッパの「提携と反目」に合衆国が〝公式に〟参加する方向へ突き進んだことを意味していた。だが、最後になって、大統領、議会、国務長官は尻込みをした。おそらく彼らには、善意のプラトニックな（精神的な）素振りを見せること、あるいはアメリカ人の信奉者らを喜ばせ、彼らの気持ちを満足させること以外に、何かをするという意図はまったくなかったのであろう。いずれにしても、彼らは、介入の性格を帯びる公式の行動をとらなかった。彼らは、コシュートがオーストリアに反抗する十字軍を立ち上げるための資金、人員、物資を提供することを拒否した。コシュートは、同情の表現以上に実質的なものを、何も手に入れられないことに気付いたとき、不機嫌になり、ワシントンの高官たちにさえ、わざと軽蔑的な態度で接して、憤然として、アメリカを立ち去ったのだった。

そのとき、ウェブスターは、前よりも穏やかな口調で話すようになっていた。ヨーロッパの政治には一切介入しない、との確固たる政策から逸脱しているのではないか、と自らにかけられた嫌疑を晴らそうとするかのごとく、彼は、外交的な策略に訴え出た。ウィーン駐在のアメリカ代理公使に対して、オーストリア政府に以下のことを伝えるよう指示をしたのだった。その内容とは「公式な通信文のみが、合衆国政府の感情と見解とを示すものとみなされるべきである」というものだった。そして、それらの正式な通信文が「友好的な性質」を帯びたものであったならば、関係する外国政府は、それら通信文の〝誠意〟を疑うことなく、通信文を受け入れるべきである、と。これは、コシュートをめぐる大騒ぎも、〝公式な〟ものではなかった、合衆国は公式に干渉していなかった、そしてオーストリア政府との関係は正常である、という意味なのである。かくして不介入主義の原則は、いささかきまり悪そうに、そして優雅さにも欠けていた、とはいえ、救われたのだった。

ウェブスターとその友人たちが、うかつにも、あるいは意図的に、コシュートの判断を誤らせたとしても、ヘンリー・クレイ[25]は、アメリカの外交政策についての冷厳な真実をコシュートに語っていた。クレイはすでに老い、今や、墓の中に入らんばかりであった。彼の政治的野心はすでに燃え尽きており、党派的な情熱や政争の類をまったく考慮せず、話をすることができた。コシュートが個人的に助言を求めたとき、クレイは、大陸主義の原則をはっきりと、そして力強く、断言した。

コシュートと議論をする手前、クレイは「ひとつの国が国際法を強制するために諸国間における行政権を担う権利、あるいは合衆国がロシアとその周辺国との関係の性質についてロシアに命令する権利というような深刻かつ重大な問題」に触れることを差し控えた。彼は、同時に、オーストリアとの紛争で、ハンガリーに対する「物質的支援」という点についても触れ、合衆国がオーストリアと戦争する可能性はまったくないことを示した。彼は、コシュートに、すべての同情的な言葉遣いがいかに空虚であるかをはっきりと伝えた。その後、彼は、正しい合衆国の路線を説明したのである。

クレイによると、合衆国がハンガリーに公式な援助を与えると、われわれは「古来の友好と非干渉の政策」を捨てることになる。そうした措置をとると、われわれが疲弊し弱ってしまったときに、ヨーロッパの君主国がその寛容な政策を放棄し、「世界の平和と秩序を破壊する主義の宣伝者として」、われわれを潰そうと襲い掛かってくることを正当化することにもなる、と説明した。クレイは、まるで後年起こるエイブラハム・リンカーン[26]政権下での国内的苦難を幻に見たかのようだった。そのとき、ヨーロッパ諸国の連合軍は、南北戦争に直接介入することによって、アメリカ共和国を葬り去ったかもしれないのだ。

クレイの説明は単に後ろ向きのものではなかった。「ワシントンの時代以来、忠実に守ってきた政策によって、……われわれは、世界における自由の大義を守るために軍隊がなし得る以上のことを成し遂げてきた。われわれは、偉大さと幸福へと至る道を、他の国々に示してきた。……平和的なシステムを堅持し、遠く離れたヨーロッパでの戦争を回避しつつ、ヨーロッパではすでに壊滅した、または壊滅しつつある共和国の廃墟の真っただ中で、自らを完全に消滅する危険にさらすよりも、すべての国々の灯明として、自らの灯火を燃やし、この半球の海岸を明るく照らし続けるほうが、われわれ自身にとって、ハンガリーにとって、そして自由の大義にとっても、良いことなのである」。こうして、コシュートは、ヘンリー・クレイの口から、アメリカ外交政策の真の姿について学んだのだった。ハンガリーのために公的支援を得ることができず、幻滅とともに冷酷さを苦々しく思いつつ、彼はヨーロッパに向けて出発したのである。

数年後、ウェブスターが、人々の気分を外交問題にそらすことによって和らげようとしていた内政上の危機が、ついに南北戦争の最中にこの国を襲った。ロシア専制政治に対するポーランドの反乱[27]は、ヨーロッパの〝均衡〟を動揺させたのだった。帝位を独占しつつも、常に不安を感じていたナポレオン三世[28]は、ロシアに対抗して、ある種の連合を構築しようとしていた。そのロシアは、フランスとイギリスとの戦争[29]に敗れたばかりだった。いずれにせよ、フランス政府は、反乱が圧し潰されたポーランドを処断しようとしていたロシア皇帝に対して「精神的影響力を与え」ようとして一八六三年、合衆国に協力を求めて来た。当時、ウィリアム・H・スワードが国務長官だった。彼は、内政上の難題に対処する際に外交問題をうまく利用して人々の気分をそらそうとする術策を頑強に支持していたけれども、エイブラハム・リンカーンから明確な教訓を学んでいた。それゆえ、彼は、フランスの要請に回答する際、友好と非干渉のアメリカの公的原則を回顧し、改めてそれを確認したのだった。

スワードは、フランス政府に対する覚書の中で、この原則を明確に示した。それは、きわめて簡潔、明瞭かつ直接的だった。それゆえに、この覚書は、帝国主義的冒険が合衆国を、その精神的な拠り所からあちこちに漂わせる前に出された、アメリカ大陸主義の最後の、そして古典的な声明である、というのはもっともなことである。スワード自身は、帝国主義者であって、野心にすっかり心を奪われ、世界的舞台に登壇することを熱望していた。だが、彼の周りの様々な事情と、彼自身の現実的認識力が、彼を踏みとどまらせ、史的方向をとらせたのであった。彼は、アメリカ人がヨーロッパの革命派側に同情しているという事実を認めていた。「われわれの共和国を建設した人々は、突然、政治的改革者とみなされるようになった。……あらゆる国の革命者たちは、わが建国の父たちを、政治的改革者として称賛している。そして、積極的な支持や、後援を求めなかったにせよ、合衆国に効果ある同情を期待したのである」。おそらく、この遠回しな言い方は、自己満足に耽るフランスのナポレオン三世の専制を、ほんの少しだけ、ギクリとさせるためのものであったであろう。

しかし、革命に対する同情と干渉は別問題である。この問題は、合衆国憲法が制定された直後に持ち上がった。当時、「合衆国政府が、友好国やその他の国々との同盟あるいは協調行動によって、どの程度まで礼節を保って、無事に、慈悲深く、諸外国の政治問題に介入できるかを検討する必要に迫られた」。

フランスは一七九三年、「アメリカ人のこころ」を打つ、訴えを行ってきた。しかし、その時、ワシントンは「この共和国の位置、性格、習慣、共和国を構成している人々の感情などの点から見て……アメリカ国民は、それに基づいて自治権を行使すべきであるという、まさにその英知によって、人類進歩の大義を推奨することに満足しなければならないし、あらゆる点において、外国と同盟したり、干渉を行ったり、余計なことに首を突っ込んだりすることを、常に、差し控えなければならないという厳格な決定に、アメリカ国民を黙って従わせたのである」。

スワードはその当時、ハンガリーの場合を含めて、合衆国に積極的な介入を求めてきた様々な訴えを調査し、合衆国は、一貫してそれらと反対の行動をとってきた、と報告している。「これらの提案は、次々と、政府に却下された。その決定は、いずれの場合にも、アメリカ国民の判断によって容認されたのである。われわれの不干渉政策は、真っすぐであり、絶対的であり、他の国々にとっては風変わりなものに映るかもしれないが、こうして伝統的な政策となったのである。それを放棄することが、明白に必要であるというくらいに危急の場合以外には、この政策を捨て去ることはできなくなったのである」。スワード国務長官は、ワシントン大統領がこの歴史的な政策はいずれ変更される時期がくる、と期待していたと何らの公的根拠も示さずに、ほのめかしていたけれども、古くからの路線上に自分の立場を置くことを貫いたのである。合衆国は「ヨーロッパの平和と秩序の維持、そして人類の進歩について、祈るような気持ち」を抱いていた。その不干渉政策は「人類の利益」に役に立たないわけはない、とあえて考えていたのである。

アメリカの大陸主義は「孤立主義」とは違う

共和国の創設者たちは、外交政策のこのシステムに対して「孤立」という言葉を用いなかった。実際のところ、彼らの考え方からすると、その言葉が当時、何らかの目的のために一般的な用法として使われていたとしても、彼らの理論と実際に妥当するものではなかった。その言葉が社会一般で通用するようになると、それは「他の物事や人々から距離を置く、あるいは関係がない」という意味を持つようになり、「隔離」という言葉と同義語となった。そうであるから、この言葉は、建国の父たちが、海外で、あるいはこの半球において、諸外国と交渉を行うにあたっての政策やその流儀を表すものではなかった。

彼らは、〝隠遁者〟の政策を追求するどころか、ワシントンが事情を説明しているように、「何事も強制せずに」他国との通商や交流を促進することを熱望したのである。初めに、主要国との間で、外交関係と領事関係が確立された。通商友好条約が求められ、署名され、批准された。アメリカ人の貿易上の利益が拡大するところはどこであろうとも、合衆国は、慣例となっている外交上の保護を、付与した。バーバリー[30]の海賊たちが、そうしたように、不法かつ高圧的な官僚たちが、アメリカ人の商人や船乗りを虐待した場合には、合衆国政府は、地中海や大西洋、太平洋海岸において、軍事力を用いた。

外交政策の、このシステムの特性を、十分に説明することができる簡単な言葉は存在しない。このシステムを創り出した指導者たちは、孤立主義者ではなかった。西半球に影響を及ぼさないヨーロッパの戦争に関して言えば、彼らは、非介入主義者だった。彼らはまた、西半球を含むあらゆる地域の国々で起きている純然たる国内抗争に関しても、非介入主義者だった。彼らの愛情、野心、希望の核心に関して言えば、彼らは、大陸主義者であり、ヨーロッパ人でも、国際主義者でもなかった。ジェファソンが自身の見解を説明しているように、ヨーロッパが、生命と財産の破壊を行っている間に、アメリカは、この地において、建設、すなわち文明の建設に集中すべきであった。それゆえ、このように確立され、追及された政策が、ずっと後の時代になって、不適切かつ不正確にも、「孤立主義」——と誤った呼ばれ方をしたのは、不幸なことであり、歴史的にいっても、事実とは異なっているのだ。もし、たったひとつの言葉でもって、彼らの主義を、表そうとするならば、それは「大陸主義」と呼ぶのがふさわしいだろう。

そうしたことが彼らの政策の実質であった。この政策を実行するうえで守られた外交上の形式的手続きは、その実質と同じくらいに、重要であり、建設的だった。最善の主義というものは、その代表者のマナーや言葉によって、傷つけられたり、あるいはそうした人々が説明する際の威厳やその力によって強められたり、より印象的になったりするのだ。外交のこうした側面に、大陸アメリカ主義の創設者たちは、多大な注意を払った。

彼らは、外国政府との関係において、官僚の義務と国民の自由、国家の行為と、個人やグループの行為を十分に区別していた。彼らは、外国と交渉し、重要な決定を下そうとしている場合でも、アメリカ国民に反対の意見を表明する権利や、公式な政策においてその修正や変更を主張する特権をそれぞれ付与した。同時に、彼らは、適切な、あるいは正式に認定されたチャンネルを通じて伝達された公的文書や外交メッセージで正式に宣言されている見解だけを、公式かつ正当なものとして、外国政府は受け入れるべきである、と主張した。概して、大統領と国務長官のふたりは、外国政府と細心の注意を要する交渉を行っている場合、自国において不正確かつ怒りを掻き立てるような発言を慎重に回避してきた。この原則に当てはまらない事例の場合は、常に、思慮深く、用心深い人々によって、正当なものではないとみなされてきた。

外国政府を承認する場合、その政府が古く安定しているか、戦争または革命によって新たに急ごしらえされた政府であるか否かを問わず、アメリカの大陸主義の創設者たちは、その形態、イデオロギー、倫理観、宗教を理由に不公平な差別を一切しなかった。彼らがアメリカの諸制度と調和するものとみなされる共和国の建設を、迅速かつ喜びをもって、歓迎したのは確かだが、彼らは、議会政治のイギリスと共和国のフランスと同じように、専制ロシア皇帝、イスラム教国の君主、東洋の専制君主たちとも国交を維持したのである。

これは彼らの政策の必要な部分であった。これ以外の手段をとったならば、徹底した孤立主義となったであろう。専制主義が地球上の国々の間で一般規則となるような時代においては特に、そうであった。もし、合衆国が、ヨーロッパやアジア諸国の諸制度や道徳観をかなり入念に調査し、アメリカ合衆国と合致する倫理規範や政府形態を有する国だけに交流を限定したならば、合衆国の通商や交流の範囲を狭め、不必要な憎悪を掻き立て、そしておそらく、西半球におけるわれわれの安全を危険に陥れるような諸国連合の軍隊を勢ぞろいさせるに至ったであろう。

外国政府との交流を求められたとき、それが自らの意志で、あるいは相手方の申し出や呼び掛けであろうとも、初期のアメリカ外交政策の形成者たちは、たとえ、積極的で、強い態度をとらざるを得ない場合でも、抑制のきいた、威厳に満ちた、そして丁寧な言葉遣いをした。婉曲的な表現が必要であれば、彼らはそのようにした。招請を拒否する場合でも、友好と感謝の気持ちを込めた言葉でもって表現された。不躾な要求には、表現を創意工夫することによって、トーンを和らげるようにしたのだった。

油断のならないトリックを弄したことは決してないとか、官僚が内政上の目的のために金切り声を挙げて叫んだことがないとか、大統領と国務長官がかみなりを落としたことがないとか、あるいは難しい法案の通過を容易にするためにお金が使われたことは、一度もないなどというわけではない。それどころか、かみなりを落とすことが多すぎた。しかし、大陸アメリカ主義が述べられている国務省のきわめて重要な文書は、スタイルの厳粛さ、平易さ、声明の明確さによって特徴づけられている。時には、いささか堅苦しく、形式張っているとしても、国務省の文章は、激情と冗長の時代において、モデルとして役に立つであろう。

第3章

アメリカの帝国主義

ヨーロッパ諸国の紛争には干渉しないという大陸主義政策は、十九世紀末に至るまで、合衆国政府によって一貫して堅持された。それは、ほぼ固定化されたルールとなった。ワシントンがそのルールを考案し、モンローがそれを拡張、適用した。スワードが、この政策を再び述べ、そしてあらためて強調したのである。西半球へのヨーロッパの介入に関して、モンロー・ドクトリン(1)によって修正されたこの政策は、国民が独立百周年を祝った当時、永久にどっしりと腰を据えた政策であるかのようにみえた。

しかし、永久不変の約束は、幻想だった。というのも、アメリカの外交政策のもうひとつの理念が、すでに地平線上に現れていたからだ。それは、帝国主義の理念であり、世界的強国の理念、そして世界のあらゆる地域における重大な利害の衝突に積極的に参加するという理念だった。この考えは、ヨーロッパとアジアにおいて前進しつつあった。イギリスは、ディズレーリ(2)が率いる保守党指導の下、コブデン・ブライト派(3)の政策——平和、反軍国主義、互恵的自由貿易の拡張を通じた繁栄の促進を求めた——を放棄しつつあった。イギリスにとってこの新たな進路は、より精力的に植民地を拡大すること、多くの植民地と海軍基地を獲得すること、急速に海軍を拡大すること、先取りされていない地球上の土地を獲得するため、より積極的に列強諸国と競争することを、それぞれ意味した。

ディズレーリの政党がイギリスで政権を掌握していたころ、フランスは、一八七〇年の戦争(4)に敗北した屈辱に精神的苦痛を受けつつも、領土の拡大と通商の促進というイギリスと同様の路線に乗り出していた。一方、ライン川の向こう側のドイツでは、ビスマルク[5]の初期の大陸政策――当初、彼は植民地獲得のための戦争や海軍強化の競争に巻き込まれることに反対していた――が、より賢明で、新しい型の人間であると自認し、しかも帝国主義――海軍基地と植民地の獲得、海軍力の発展、経済戦争の一形態として通商競争の強化――を支持する人々によって、放棄されつつあった。遥かかなたにある東方では、ロシアが、地中海と太平洋の出口に向かって、押し進みつつあった。日本は、アメリカ軍艦によって鎖国というそれまでの排他的時代から覚醒され、海陸双方で、拡大し始めていた。一八九五年までに、ヨーロッパとアジアの大国は、こうした進路に弧を描くように大きく展開し、一九一四年の爆発と一九三九年の新たな大爆発[6]の道に至ったのである。こうして識者たちは、ダーウィンの「生存競争と適者生存[7]」、そして金銭的動機を〝進歩〟の推進力として賛美する経済学者の思想を十分に利用して、この大攻勢政策に、イデオロギーを与えてきたのである。

帝国主義者の活動が海外を舞台とする性質上、当然ながら、海軍の官僚、海軍軍需品関係業者、装甲板製造業者らは、実際上、役に立つ考えを提供する一方、知識階級は、新たな進路を支持したり、賞賛したりするよう国民を教育し、仕込んで行った。アメリカ海軍の士官たちは、大洋の至る所を船で旅をする放浪者として、国内で期待できるもうけ以上の利益を、貿易で生み出そうとしていた海外のアメリカ商人たちと、早い時期から接触していた。彼らは、アジアやその他離れた場所にある外国の土地に目をつけていた。彼らは、合衆国が簡単にそうした土地を奪うことができ、それらを海軍基地や交易拠点に変えることができる、と考えていた。

十九世紀半ば近くに、日本の門戸を合衆国に対して開放させたマシュー・C・ペリー提督[8]は、彼一流の信条を次のように紙に書き残した。「われわれが、強大な海のライバル、イギリスの東洋での領土を、そして彼らの港湾が絶えずかつ急速に増加しているのを眺めるとき、われわれの側も、迅速な措置をとる必要性に気づくべきである。……十分な数の避難港を確保するために、今すぐに積極的な措置をとるべきである」。この帝国主義的構想に従って、ペリー提督は、日本の近海にあるボニン諸島[9]を占領、星条旗を掲げた。彼は、合衆国政府の承認を受けずに自らの意志で、彼の理論を実証したのである。しかしながら、彼の野心は失望に終わった。なぜならば、民主党員の国務長官[10]が、憲法を字義通りに解釈し、大統領は、連邦議会の承認なしに、米本土から遠く離れている領土を保有することはできない、と言ったからである。

その後、しばらくの間、合衆国海軍は、南北戦争のため内政問題で忙殺されたが、高圧的行動の伝統を忘れてはいなかった。一八七二年、遠洋を駆け巡っている間に、ミード提督[11]が「まったくの独断で」、海軍の戦略的センターになるとみた、トゥトゥイラ島[12]を発見、そしてパゴパゴに海軍基地を建設するための条約交渉を半裸の野蛮人〝王子〟と行った。上院は、この提案を、尊大な態度で退けたが、海軍の軍人たちは、頑固な態度に出て、それを受け付けなかった。あらゆる抵抗があったにもかかわらず、彼らは〝首都〟にある藁屋根の役所に星条旗を掲げてしまった。サモアですでに起きていたドイツ人とイギリス人との衝突がまもなく、アメリカを、危うく戦争に巻き込みそうになった。しかし、結局のところ、サモアの海軍基地は、アメリカの〝領土〟――合衆国にとって何らかの利益にはなるだろうが、それと同時に維持していくのにかなり重い負担がのし掛かってくるであろう――として確保された。海軍軍人たちは、このときすでに、目的はアメリカ本土に限定されるという大陸主義者の足かせから逃れようとしていた。そして遠隔の地における国費による冒険主義であっても、国民が認めてくれると見込まれた成果を、着々と獲得しつつあった。

帝国主義の先駆者、アルフレッド・マハン大佐

言葉よりもまず、行動であった。誰かが海上権力と帝国という観念を魅力的なものにし、これを大統領と議会に、そして最終的には「陸者（おかもの）」[13]のアメリカ人に〝売りつけ〟なければならなかった。この使命を、海軍士官であるアルフレッド・セイヤー・マハン[14]が請け負った。彼は、公平に言っても、合衆国が生んだもっとも成功した伝道者といってよいであろう。彼の父

は、ニューヨーク州ウェストポイントにある陸軍士官学校の教授であり、回転椅子があてがわれている戦術教官だった。しかし、マハンは、メリーランド州アナポリスにある海軍士官学校で教育を受けた。その後、しばらくの間、特に目立つこともなく、海軍で立派に任務を果たしていた。しかしながら、彼は後甲板〔船尾甲板ともいう〕にいるよりも、本を味わうほうが好きで、普通の海軍軍人と仲良くやっていくことができなかった。

滅多にない幸運に恵まれたマハンは、海軍大学校に気楽な職を見つけ、海軍史や戦略について講義をすることになった。ベテランの海軍軍人は、このようなアカデミックな仕事には役に立たないものなので、彼がその椅子と机にかじりつき、ひとりの著述家として政府から給料をもらい続けるのは非常に困難なことだった。だが、彼は、あらゆる反対を克服し、多年にわたってそのポジションを保ち続けた。そしてアメリカの帝国主義的拡大を唱道する本、論文、パンフレットや書簡を次々と出し続けた——海軍からもらう給料のほかに原稿料を稼いだ。初めのうちはどちらかというと海軍史のほうに執着した。徐々にだが、彼には十分に発達した帝国主義者の様相が表れ、帝国主義システムに含まれているあらゆる仮説、前提条件、要求、主張を受け入れるようになった。そしてついに完全な教義を信奉するようになったとき、彼は、アメリカに対する新たな信条を擁護、正当化するために歴史、経済学、宗教を利用した——古き時代のアメリカ大陸主義は今や、権力欲のワインに酔いしれた帝国主義の新しい使徒たちから鼻であしらわれるようになった。

マハンの最初の作品である『海上権力が歴史に与えた影響　一六六〇年―一七八三年』〔日本では『海上権力史論』というタイトルで翻訳されている〕は、一八九〇年に出版された。この作品で、彼が訴えた主張の基調は、たちまち、権力欲の強い人々に心底からの反応を喚起した。その当時、ワシントンにある国家公務員任用委員会委員に過ぎなかったセオドア・ルーズベルト(15)は、この本を歓迎し、まもなく、マハンの作品を、自分の信ずるアメリカ政治のバイブルとした。イギリスの海軍士官や帝国主義者たちは、いっそう熱狂した。実を言うと、従来よりも規模の大きい海軍予算を議会から搾り取ろうとしていた彼らにとって、この本は、天の恵みとなったのである。ドイツ皇帝ヴィルヘルム二世は、マハンの海上権力主義を激賞し、ドイツ語に翻訳させて、ドイツ海軍の軍艦に備えておくよう命じた。ドイツの海軍士官や帝国主義者にとっても、この本は、天の恵みとなった。彼らは、政策や予算を巡って、陸軍士官との政治闘争を繰り広げていた。だから、より多くの戦艦を保有するための運動において、マハンの議論を必要としたのである。最終的に、彼らは勝った。彼らは軍艦を得た。そして大英帝国の帝国主義的野心と深く関わるようになった。多額の税金を投じて建造した数々のドイツ軍艦は戦争の役には立たなかった。一九一八年、戦勝した連合軍が、それらを奪い取るさまを、彼らは見たのだった。しかし、マハンの研究によってあらゆる英知を得たにもかかわらず、一八九〇年当時の彼らは、遠い将来を見据えることができなかった。世界のもう一方側においては、日本人の海軍士官や帝国主義者たちがマハンを貪るように読んだ。より多くの、そしてより大きな戦艦を保有するための予算を議会からもぎ取ろうとして、彼らはマハンを利用した。かくして、マハンは、合衆国で政治家たちを燃え立たせたばかりでなく、ヨーロッパやアジアのライバル諸国を燃え立たせた。一九一四年に総力を挙げて始まった世界的大業火への道を準備したのだった。

全体としてとらえると、マハンの作品は、ふたつの部分からなっている。第一の部分は海軍戦略に関連するものであり、外交政策というよりも技術に属するものであるが、世界の海軍士官たちに、世界の現状が示している成功とは何かということとともに、幅広く受け入れられた。第二の部分——この章に直接関係があるのはこの部分だけだが——は言葉の実際の意味において、外交政策を論じているところである。この著作は、人生観、経済、道徳、国家システム、そしてアメリカの国益までを網羅している。その本質から言って、それはあらゆる歴史の解釈と国家の運命に関する予言を含んでいるのだ。

マハンが提唱した合衆国の外交政策は、海軍戦略の技術的な専門用語を使用せず、次のふたつの基本原理を包含している。

（1）国家は、他国との関係において、自らの利益を軍事的に追求することによって統治されるものである。「自己利益は、国策にとって合法的であるばかりか、根本的な動機なのである。

それは決して偽善のマントを必要としないのだ」。海上権力の歴史は主に、通商の具体的利益を巡る闘争の歴史である。「自国民のために、そうした利益の不均衡な分け前を獲得するために、独占または禁止規制などの平和的立法手段によって、あるいはそれらの手段が失敗に帰した時に、直接、暴力に訴えることによって、他者を排除するあらゆる努力がなされた」。マハンは、一九一一年の情勢を論ずるに際して、自らの主張をこう描いた。「ヨーロッパの軍備は今や、征服に対する防衛のためになされているというよりも、世界の開発されていない地域、あるいは開発が完全には行われていない地域――国家の支配下におけば、国民にとって、報酬となり得るような遠隔地の市場、あるいは天然資源の宝庫――をできるだけ多く、確保するためになされているのだ」。この唯物主義は何年も前に、カール・マルクス[16]によって批判的に論じられているが、外交政策の真の源泉として提唱したのは、マハンその人であった。そして世界中の国々が、その主張を賞賛し、信奉し、そしてその主張を実行するために戦った。それは、アメリカ人の知識階級の間で、当時、非常に流行していた、ダーウィニズムの唯物論的教理とレッセ・フェール[17]の教理によく調和したのだった。

(2) マハンの外交政策の第二の原理は、第一の原理に類似し、同様に優勝劣敗の理論の線に沿うものである。つまり、自己保存と発展の法則であった。「国家の第一の法則は、人間の場合と同じように、自己保存ということである――この用語は単に、静的存在を保持することという狭義の意味に解釈されてはならない。成長というものが健全な生命の特質なのである」。マハンは、国家間のさほど深刻でない紛争を仲裁裁判に委ねることには前向きだったが、「事態が、法律や規定によって保証されずに利益のみに触れる場合、従って問題が、利害得失の問題になった場合には、自己保存の観点から考慮されるのが、正当であり、有利なのである」。利益の問題は、仲裁裁判に持ち込むことはできない。必要なら、海軍力を含む軍事力によって、擁護されなければならない。このような理由から、マハンは、防衛に特化した――大陸である合衆国を防衛するための――海軍という考えを激しく非難した。彼は、外洋を進むことができる強力な海軍、そして「敵を攻撃し、そして死活的に重要な敵の利益に損害を与える」ことができる海軍を支持したのである。国家は、発展しなければならない。さもなければ、死があるのみだ。国家は、世界のあらゆる場所で、自らの利益を要求し、主張すべきである。外交が失敗した場合には、武力に訴えてでも、そうした利益を獲得しなければならない。

マハンの外交政策の実質的な特徴は、こうした第一の原理に由来している。つまり、(1)大海軍を建設すること、(2)世界の至る所で植民地を確保すること、(3)通商を防衛し、他国に圧力を加えるために様々な地点に海軍基地を獲得、発展させること、(4)商船隊に助成金を出して支援すること、(5)そうした実益政策を追求する合衆国を妨害する紛争の仲裁案や平和的解決を図るあらゆるスキームを拒否すること、(6)軍事費を削減しようとする社会立法を制限すること、(7)政府の行動による外国貿易、特に中国貿易を促進すること、(8)平時および戦時に、海上通商路を開放しておくために海軍を利用すること。そうすれば、アメリカ人の貿易業者は、通商での利益を得ることができる。そして(9)こうした信条を受け入れ、支援するために、そしてとにかく行動を推し進めるために、国民を、とはいわないにしても、政治家を教育することである。

初めのうち、マハンは、国家がいまだに、この世界侵略政策に関心をもっていないということを認識していた。彼が侮蔑の言葉を投げかけているように、「われわれの敬虔な魂には侵略的な行動はまったくなかった」のである。しかし、彼は、自分の勝利を確信していた。「合衆国の一般大衆は、自分たちの国がきわめて重要な政治的利益を有しているということを、はっきりと認識していないというのは、おそらく事実であろう。自分たちと海軍の再建との関連性について、彼らが、何ら研究をしていないというのはなおさらのことである。だが、利益は存在する。そして海軍は発展し続けているのだ」。おそらく、この国のすべての歴史を通じて、国民の反抗、〝無知〟そして〝田舎根性〟というものがあったにせよ、このように〝壮大な〟政策を「国民に信じ込ませ」ようとした冷酷無比な決意は、いまだかつて一度もなかった。

マハンが自らの思想を宣伝するにあたって行ったことは、大衆が消化しやすいように、自らの信条を〝歴史化〟したことである。すなわち、自らの信条が真実であり、不可避であること、そして望ましいことであるということを証明するために、歴史を利用することであった。彼は、歴史研究、文書の精密な調査や立証、あるいは歴史を組み立てるための根本原理などの分野において、まったくトレーニングを受けたことがなかったし、こうした方面において、彼は、まったく無知の人であった。彼は、自らがあらかじめ考えていた目的に適う古い本を引っ張り出し、それらの本の文脈から文章や断片を剝ぎ取って、人生、経済、海上権力、欲望や戦争などに関する自らのイメージを描き出すという方法で、自らの原稿をつなぎ合わせていったのである。

彼の熱烈な読者の大部分もまた、歴史的訓練を受けておらず、仮に受けていた者がいたとしても、彼らは、自らの先入観が確認されたということで大喜びだったので、マハンをあっという間に「学識の深遠なる大学者」にしてしまった。アメリカ人の歴史学者たちは、陸軍や海軍の研究を行うことを長い間、無視してきたので、マハンの考証、方法、知的策略を分析したり、精査したりするには準備不足であった。彼らも大衆と同様に、マハンを新たな予言者として歓呼して迎え入れる傾向があった。それはともかく、やがて彼らは、マハンを、アメリカ歴史学会会長に選出したのである。

ドイツの歴史学者だけは、この新薬を、試験もせずにそのまま鵜呑みにすることを拒否したようだ。彼らは、職業上の批判的基準を考証や歴史組成に適用して、陸軍史や海軍史を非常に熱心に研究したり、書いたりしていた。それゆえ、その知識や理解力によって、マハンの著書を、その宣伝目的から完全に離れて、歴史として評価する心構えができていた。事実、彼らはそうした。彼らの皇帝は、自らの知識に照らして、マハンの作品を承認し、賞賛した。また、フォン・ティルピッツ[18]も、セオドア・ルーズベルトのように、マハンの作品を「海軍のバイブル」として引用したのだけれども、ドイツの歴史家たちは、批判的かつ該博な知性を、マハンの作品に適用したのだった。

エミール・ダニエルズ[19]は、マハンの第一巻について、この筆者は単に古い文献から抜粋したものを写し、鋭い批評眼を働かせることもなく、それらをつなぎあわせただけにすぎなかった、と指摘した。ダニエルズは、マハンが調査した時代(一六六〇—一七八三年)について、彼は、新たな光明を何ら投じてはいないし、従来は知られていなかった一般的な歴史価値についての新たな関係を何ら発見していない、と断言した。彼の裁定はこうだ。「正確に判断して、この全著作はつまらぬものである」。歴史に関する学識という点から言えば、この作品は実に軽薄なものである。他のドイツ人歴史家たちは、マハンの帝国主義に対する宣伝上の価値を認識する一方で、歴史に対する貢献という点については同じような判断を下していた。最初は、思慮のない賛辞を盲目的に噴出させていたアメリカ人の歴史家たちも、その状態から立ち直り、歴史の歪曲者としてのマハンと、合衆国にとっての帝国主義を主張する一流の唱道者としてのマハンを区別し始めたのは、四十年経ってからであった。

要するに、マハンの提唱した合衆国の外交政策論は、修辞的混乱、宗教的感情、文体の拙さのためにいくぶんか曇っていたけれども、生物学的欲望に基づく純然たる唯物主義をその基調としていた。何かを手に入れようとする資本家たちの欲望に、マハンが訴えたのは間違いない。そして彼は後に、ある方面において、資本主義者の単なる代表者にすぎない、とみなされるようになった。だが、彼自身と彼の作品についての、こうした考え方は、決して正しいものではないのである。

彼の著書の第一巻が、一八九〇年に世に出た当時、資本家の圧倒的大多数は、アメリカ大陸の開発に忙殺されていた。彼らは外国貿易にまったく関心がなかった。J・P・モルガン[20]は、マハンの本を出版するために資金の前貸しを依頼されたが、そうはせず、そのコストを負担するために、控えめな寄付を行っただけだった。マハンは、実際のところ、世間とは没交渉の海軍官僚だった。初めのうち彼は、資本家階級の中でも、少数派で、あまり重要でないセクション――海外貿易業者と軍需物資の御用商人――の代弁者であった。それ以外の資本家階級は、マハンが主張する帝国主義の結果として重税、戦争、借金に悩まされることになるだろうということを、少数の批評家たちによって、ぼんやりとだが、予見していた。このようなわけで、積極的な利害関係者は、政治家たちにあおられて、休眠状態にある利害関係者、あるいは怠慢な利害関係者を無視することができた。たとえそうであったとしても、マハンは、資本家的企業の極意とされる利益を挙げるための唯物主義原理――それによって海軍もまた、最終的には〝報われる〟――を支持した。

他の著作家たちがその後、マハンが主張するタイプの帝国主義は、唯物主義的であり、金銭的な意味合いにおいて、実際のところ、〝報われる〟ことはない、ということを示そうとしたとき、マハンは、完全にではないにしても、自己利益と自己権益の強化の信条をほとんど否定してしまった。海上権力に関する最初の作品が世に出てから二十年経った一九一一年、『大いなる幻影』という著作で、帝国主義、軍備、そして戦争は、結果的に、経済的な浪費であることを論証したノーマン・エンジェル(21)を、マハンは激しく攻撃した。マハンはかつて戦争原因について語っていたにもかかわらず、今や、次のように述べている。「過去六十年間に起きた戦争を熟考すると……戦争の動機が『権力を増大させることを目的とした侵略、その結果として、繁栄と財政の健全性を確保するための侵略』であったということは、そんなに度々ではなかった、ということがわかる。……今日における戦争の誘因は、道徳的である。それにはもちろん不道徳も含まれている。不道徳は、その意味において、道徳の正反対だけれども、『善』と『悪』のように、動機のうえでは、同じカテゴリーに属するものである」。

このときまでに、いやむしろこの機会を境に、マハンにとって、戦争は、帝国主義と利益を推進するための主体ではなくなり、道徳を推進する主体となったのである。「誤っていることを正すこと、改心させること、改善させること、そして発展させることは、まさにキリスト教の理想の神髄である。神の思し召しにすぐに応えようとする人間の努力がなければ、神自身は無力ではないけれども、神が機能させようとする道具を奪われてしまったようなものだ」。帝国主義は、報われるものではないかもしれないが、善行をすることによって、神のご意志を実行しようとする機会を征服者に与えたのだ。この見解は以前の見解とはまったく逆のように思われるけれども、彼の事業が、この世で経済的に引き合わないことが論証されたときのマハンの答えが、まさにこれだったのだ。こうして、マハンの思想体系の中で議論として通ってきた多くの事柄が、航海や戦闘といった激務には興味がまったくなく、回転椅子に腰掛けている失意の士官が、戦争熱を合理化したものにすぎないという根本的事実が暴露されたのだった。

ルーズベルト、ロッジ、ベバリッジ——帝国主義初期の信徒

マハンの提唱した、大海軍計画を含むアメリカ外交政策が、異教徒的な貪欲とみなされたにせよ、キリスト教神学の新たな体系とみなされたにせよ、それは三人の若手の政治家たちによって、あっという間に取り上げられた。そして彼らはまもなく、国内問題で高い地位に上った人物であった。その三人の人物とは、セオドア・ルーズベルト、ヘンリー・カボット・ロッジ(22)、アルバート・

J・ベバリッジ(23)である。最初の人物であるルーズベルトは、政治以外に職業を持ったことがなく、その当時(一八九〇年)、何かをしたくてうずうずしていて落ち着かず、自身の精力的人生論を表明する方策をいろいろと考えていた。彼は、資本主義システムによって快適な人生を保証されており、その利益を享受していたけれども、金持ちのブルジョア階級と、狩猟、激しい乗馬、戦闘とは違った安逸な生き方を彼らが愛していることを、軽蔑していた。合衆国の高い地位についた政治家の中でも、彼は、戦争それ自体は良いことであり、特に、それが〝正義〟の戦争であれば、なおさらであるとした。国家は戦争を〝必要〟としているとの感情を大胆にも吐露した、唯一の人物であった。

マハンが最初の大論文をまとめていたとき、若き日のルーズベルトは、身体が弱くて苦しんでいたけれども、衝動的で、激しい性格に適した職業は何がふさわしいかをあれこれと考えていた。初めは弁護士を開業することを考えた。だが、聡明な教師から、彼の性格はその仕事に向いていないと正しい助言を受けた。それからしばらく、彼は、冒険物語のような歴史の著述をしようとした。しかし、そうした職業は、退屈であり、自分自身のために歴史を創造しようと熱望している人にとっては役に立たないことに気づいた。

情熱的なルーズベルトにとって、海外で権力政治を追求するというマハンの主張は恩恵であることがわかっていた。当時、ルーズベルトは、後年述懐しているように、経済および社会問題にはまったく知識もなく、関心もなかった。それらの問題は、ポピュリスト[24]や労働運動家の活動が激しかったおかげで、一八八〇年代と一八九〇年代の合衆国をかなり混乱させていた。まさに、マハンの主張の中には、このように激しく、衝動的な青年にはぴったりの信条があった。権力主義の教義は単純だった。少なくとも表面的にはそうだった。それは単に、大海軍を建設すること、〝正義の〟戦争を行うチャンスを探すこと、植民地や海軍基地を獲得すること、ヨーロッパの権力政治において、合衆国に「日の当たる場所（有利な地位）」を与えるということを意味するに過ぎなかった。

確かに、ルーズベルトは、その信条をあまりに公然と推し進めることに慎重にならなければならなかった。彼は、ワシントンによって創設され、スワードによって新たに確認された古い伝統の下で成長した、共和党の保守政治家たちに囲まれていた。彼らは、合衆国が海外に向かって突進することを恐れていた。また、実際家として、初めのうちは、そうした事業の中にリスクに比例して利益が存在するとは考えられなかった。そのような状況下で、ルーズベルトは、政治の悲劇[25]のおかげで、ついには合衆国政府のトップになるまで、あらゆる機会を利用しながら、自らの帝国主義的政策を、慎重に策定していかなければならなかった。

セオドア・ルーズベルトの友人のなかには、同様にハーバード大学を卒業したヘンリー・カボット・ロッジがいた。彼もまた、自らにふさわしい職業につくための入り口を探していた。彼は、ルーズベルトと同じように、ブルジョア家族の子息であり、資本主義的企業のもうけによって生活が支えられていたけれども、ビジネスを好きになれなかった。かなり裕福な人間の一人として、彼は、市場の喧噪に対してかなり貴族的侮蔑の念を抱いていた。身長は低く、体力は貧弱で、立ち居振る舞いが小粋な彼に、その種の生活はふさわしくなかった。紆余曲折を経た後、彼は、専門教育を受けた法律を捨て、歴史の著述を試しにやってみた――それが首尾良く行って、晩年になると、自分には古典的文章を書く能力がある、とやたらと自慢したものだった。

ロッジには、編集者や記者としての紛れもない才能があるほか、実際の政治活動に対して鋭い嗅覚があった。マハンが最初の小冊子を作り上げているとき、ロッジは連邦下院議員として活動していた。その後まもなく、彼は上院議員に選出された。マハンの主張する教義が、自分の野心的な精神に合っていることに気づき、最初は控えめにやったが、最終的には公然と、しかも、一八九八年にスペイン戦争[26]が勃発した後は大規模に、マハンの教義をあちこちで実行に移すことができる地位に自分がついていることを喜んだ。その当時までに、ロッジ、ルーズベルト、マハンは、政府職員名簿上、小粒ながらも、ある種の三人組（三頭政治）を形成していた。

この新たな理念に三番目に参加したアルバート・J・ベバリッジは、同志たちとは違って沿岸地域の出身ではなく、インディアナ州――商業帝国と利害では特に結びついていない中西部の州――で生まれた。また、同志たちと違って、彼は、貧乏や苦境と闘いながら、インディアナポリス〔インディアナ州の州都〕で、弁護士を開業するまでに登り詰めた人物である。彼は、大学時代、雄弁家として優れた才能を発揮していた。弁護士を開業した後も、彼は、依然として、州の〝若年雄弁家〟として知られていた。遠隔地においても高い評判を得るなど、地方での名声が響き渡っていた。古参の政治家の間で手詰まり感が広がっていたおかげで、青年ベバリッジは一八九九年、合衆国の上院議員に選出された。この時すでに、彼は、世界権力政治の新たな教義に心を奪われていた。一八九八年、彼は、ボストンの実業家を前に行った講演で、この新たな教義の全福音について詳しく述べていた。合衆国は、農業生産物と産業製品で〝過剰生産品〟を抱えていた。従って、それらを売りさばく市場を探し求めて、海外に進出せざるを得なかった。大英帝国がすでにその道を示していた。合衆国は、大海軍を建設し、遠隔地に貿易拠点を確保、植民地を獲得し、貿易を促進、そして最終的に、しかしその意義は最小ではないのだが、合衆国の文明を、「依然として残忍で、無知文盲」の国々に普及させようとしていた。マハンの不器用な作品に長ったらしく書かれているすべての福音を、ベバリッジは、この短い演説の中に、彼独特のスタイルで要約したのである。

こうした若い政治家の一団の、いくぶんか外側に、もうひとりの政治家がいた。その人物は彼ら若い政治家たちの計画を普及させるのに役立つ人物だった。その人が、ジョン・ヘイ(27)だった。彼は、南北戦争の世代に属し、リンカーン大統領の秘書官として、共和党の伝統を大切に保持する人物であった。マッキンリーが大統領に当選するまでのヘイの経歴は、妻の財産管理に関するビジネスの経験が、ある程度はあったけれども、マイナーな政治問題や文筆業に主として従事しただけだった。

ヘイは、その間もずっと大きな野心を持ち続けていた。マッキンリーの選挙を実質的に支援した後、一八九七年、イギリス公使という誰もが望むポストを勝ち取った。スペイン戦争の期間を通して、ヘイは当時、ディズレーリの帝国主義にすっかり心を奪われていたイギリスの統治階級に、魅力とともに親近感を感じていた。しかし、彼の滞在期間は短かった。というのは、マッキンリーがその翌年、彼を国務長官に就任させるため、呼び戻したからだった。まさにそのとき、合衆国は、帝国主義的冒険に乗り出そうとしていた。

ヘイは青年時代、反帝国主義者だった。次のような詩に、その信念を寄せている。

決してわが国の根本方針とするなかれ、
遠い海の岩礁や島々に
わが力、わが意志を誇示することを。

彼は、内政と外政の双方に関して、少なくとも友人たちに対して、まったく隠し立てをすることもなく、軽蔑した口ぶりで、しばしば話をしていた。彼は、労働者や人民主義者の扇動を嫌い、恐れていた。ワシントン市を〝耐え難い〟場所と呼び、上院については辛辣かつ蔑んだ言葉遣いで語っていた。初めから終わりまで、彼の思想は、強い皮肉の調子を帯びていた。事実、彼は、帝国主義も、セオドア・ルーズベルトも、真剣に受け入れることはできなかったようだ。しかし、国務長官として、できるだけ忠実に自分の任務を果たした。そして帝国主義の政策を実施することを目的としたすべての具体的行動を、断固として支持したのだった。詩人として、文人として、金持ちで教養のある紳士として、ヘイは、帝国主義の一派に光彩を与えた。反帝国主義者たちが「共和国の歴史に例のない……わが兵士たちの理不尽な犠牲、何千万人もの無辜の民の大虐殺」に反対の叫び声をあげていたとき、彼は、帝国主義に、ある種の高貴で、卓越した思想といった雰囲気を付与していた。アメリカ共和国の経験豊かで、老齢の市民にとって、若い〝タカ派〟は、どこか未熟で、乱暴なところがあるように感じられた。ジョン・ヘイは、ジョージ・ワシントン、ジョン・アダムズ、トーマス・ジェファソン、ジェームズ・モンローの落ち着いた伝統からの騒々しい脱却に、威厳という雰囲気を加味するうえで、大いに役立ったのである。

スペインとの戦争における帝国主義の強行

様々な情勢が、マハン、ルーズベルト、ロッジの計画にとって有利になった。海上権力に関する最初の大著が一八九〇年に刊行されてから三年が経過し、アメリカ経済は、一八一九年[28]以来、周期的に国を震撼させていた壊滅的な経済恐慌に、再び見舞われた。産業は低迷し、鉄道会社は破産した。多くの失業者たちが都市部の街路や地方の間道に満ちあふれ、流血を伴ったストライキは衰退し、新たな暴発が労働急進主義の台頭を示していた。倉庫は、売っても利益の出ない製品で一杯になり、通例の貿易圏内には市場をどこにも見いだせないので、穀物倉庫は、小麦であふれていた。

これまでの恐慌時とは事情が違って、この国には開拓し活用することができる大きな地域が、今や残っていなかった。アメリカ大陸は、すでに開拓し尽くされてしまった、と言われていた。辺境（フロンティア）は、すでになくなり、無料耕作地は、ほぼ売却されてしまうか、譲与されるか、あるいは盗まれてしまっていた。かくして、冷厳な事実の中に存在する、いくつかの明確な理由によって、帝国主義の扇動家たちは、アメリカは、市場を求めて世界に目を向けなければならない、たとえどのような国内措置をもってしても、この経済危機を乗り越える方策は見いだせない、と言うことができた。時代の表面的な様相や経済的障害の重要性、そして当時、普及していた経済理論があったとしても、帝国主義者には、自分たちが耳を傾け、行動基準とすることのできる価値ある主張は、ただひとつしかなかったようである。すなわち、繁栄のため、われわれは、広い世界に目を向けなければならない、ということだった。つまり、それこそが、彼らの帆を膨らませるための大きな大風であったのだ。

それと同時に、いくつかの政治的事件が、アメリカ史上かつてないほど猛烈に、合衆国の有産階級を脅かしていた。激しい言葉で富裕階級を非難し、所得税や、金融上の万能薬としての自由銀[29]の制定を通じて、富裕階級を脅かそうとする人民党員が、国のあちこちにいた。一八九四年のプルマン・ストライキ[30]の指導者であるユージーン・V・デブス[31]のような労働党幹部は、単なる労働組合主義から政治的社会主義へと転向しつつあった。一八九六年、予想を上回って、急進派が民主党を掌握、ウィリアム・ジェニングス・ブライアン[32]を大統領選挙候補者として指名した。マハン、ロッジ、ヘイ、ルーズベルトのような人々にとって、彼は、ワット・タイラー、ジャック・ケイド、ダニエル・シェイズ、マラー[33]などの恐るべき資質をすべて兼ね備えた人物であった。引き続いて行われた大統領選挙は、一八六〇年の革命以来、未だかつて経験したことがないような非常に激しい戦いとなった。

もし、共和党の政治家たちや同党系の新聞が言っていることが、信じるにたるものであったとするならば、この国は、分裂と崩壊の危機に瀕していた。無政府主義者たちが、拡大していた。ウィリアム・マッキンリーとマーク・ハンナのみが、国家を破壊から救済することができた。警告は、大部分が虚構であったかもしれない。というのは、政府はその後、国家という船を沈めることなしに、金本位制から離脱したからである[34]。しかし、一八九六年、有産階級のほとんどすべての人々とインテリの大部分は、急進的変革の深刻な危険性を強調していた。それゆえ、彼らは、荒れ狂う暴風雨に対処し、怒り狂った民衆の注意を他にそらすための有効な方策を考え出そうとしていた。

混乱のまっただ中にあって、政治家たちはいち早く、アメリカ人の民心をこの国内の病弊からそらすための手段として、〝強い外交政策〟に戦略的優位があることに気づいた。ウェブスターは一八五〇年に、スワードは一八六一年に、それを感じたのだった。この救済措置をつかみ取ろうとするなかで、保守的な民主党員は、保守的な共和党員と同様に、その歴史的な有効性を知っていた。一八九五年、クリーブランド大統領が、ベネズエラ問題[35]を巡って、イギリスと今にも戦争を始めようとしていたとき、党の同僚のひとりであるテキサス州選出のトーマス・パスカルは、リチャード・オルニー国務長官宛ての手紙の中で、まさに時宜にかなった感情を吐露していた。「この決定的な時点においてのあなたの態度こそが、切り札なのです。しかしながら、あなたが、この国に内在する病弊の原因を突き止めようとすると、『血と鉄』の可能性が、たちどころに現れることでしょう。長官閣下、無政府主義者、社会主義者、そして人民党の腫れ物が、わが国の政治の表面に真っ赤になって吹き出しているかを、また、そうした腫れ物の根がいかに深く広がっているかを、あるいはそうした根が何本にも枝分かれしているかを、誰が知っているというのでしょうか。それをまさに考えてほしいのです。この原則を守るために、英軍艦の艦首の向こう側に、一発の大砲を撃てば、今後二世紀の間、わが国民に植え付け、国民の体を腐敗させるのに十分な量以上の膿みを噴き出させるでしょう」。同じような感情を、よりエレガントな言葉遣いで、アルフレッド・ヒッピスレイ――アジアにおいて「門戸開放」の強硬策を合衆国にとらせようと活動し、ついにそうさせた非常に多忙なイギリス政府代表――が、ジョン・ヘイに向けて、表明されたのである。外国の紛争に関わることによって、国内問題から国民の注意をそらそうとする手段は、古くからあった。いやしくも、シェークスピアを読んだことのある、幼稚園児程度の能力がある政治家なら、誰でもそのことを熟知していたはずである。

ドイツの脅威をすでに感じていたイギリス政府が突然、退場してしまったことで、クリーブランド大統領のベネズエラ気球は空気が抜けてしまったけれども、それから三年後に、共和党はついに、彼らが好んでそう呼んでいる手頃な小戦争に合衆国を巻き込んだ。その冒険を利用して、この国が帝国主義と永久戦争の荒波に乗り出すよう、彼らは舵を切ったのである。そうした船出のきっかけとなったのが、キューバの革命[36]だった。キューバでは〝英雄的な解放者たち〟が、残忍で専制的なスペイン政府と果敢にも戦っていた。この問題は、合衆国の、まさに玄関先で展開され、長い間、不穏な厄介者だった。真偽取り混ぜた残虐行為の話題が、アメリカ国民の胸に〝犠牲者〟に対する、ごく自然な同情心を覚醒させていた。

マッキンリー大統領は、就任後まもなく、スペインに対して強硬路線をとり始めた。そしてついに、スペイン政府に、彼が要求するすべてを事実上、受諾させた。そこには、必要ならば、キューバを独立させることも含まれていた。しかし、マッキンリーは、議会に最新のスペイン政府の覚書を明らかにしないで、宣戦布告を要求した。議会では、戦争準備ができていた。いやむしろ、準備以上のものがあった。しかし、一部の議員の間では、近い将来にやってきそうだと思われていた帝国主義的冒険に乗り出す準備はできていなかった。そこで、議会は、戦争決議を行うとともに、その条件として、キューバを侵略し、合衆国の永久領土として保有する意図を否認することと宣言したのだった。

マハンの、いわゆる〝無知の民衆〟が、戦争をどのように考えていたにせよ、セオドア・ルーズベルトとヘンリー・カボット・ロッジはひそかに、その戦争を、帝国を建設するための戦争にするつもりだった。ルーズベルトは、海軍次官として、彼自身がチョコレート・エクレアのような背骨を持った男だ、と評していたマッキンリー大統領の行動を強制し得る戦略的地位を占めていた。これよりはるか以前、戦艦メイン号がハバナ港で沈没するかなり前の一八九七年九月、ルーズベルトは、ロッジに宛てた手紙の中で、戦争が起きた場合には、アジア艦隊は、マニラを攻撃し、可能ならば、マニラを占領すべきである、と書いていた。その翌年の五月、ロッジは、ルーズベルトに宛てた手紙の中で、キューバについては急ぐ必要はない。かなりの数の陸軍と海軍の兵力をフィリピンに派遣すべきである。プエルトリコを「われわれが保有するのだ」と書き送っていた。

そのころ、ロッジは、ルーズベルトに向かって「私が、まったくかつ大いに誤っているのではなければ、政府は今や、われわれふたりが望んでいる大政策に十分に乗り出している」と言えるような気がしていた。確かに、ロッジの考えは誤ってはいなかった。目的を達成するための駆け引きを、ひそかに行わなければならなかったが、マッキンリーは結局、征服に反対する誓約を放棄し、フィリピン併合を承認するとともに、長期にわたって血なまぐさいゲリラ闘争を行っているフィリピンのレジスタンスを鎮圧するための戦争を遂行するよう誘導されていった。ロッジ、マハン、ルーズベルト、ベバリッジは、自分たちの大義が勝利したことを喜ぶことができた。ベバリッジが予言していたように、イギリスの例に倣って、アメリカは、新しい進路——大海軍、海軍基地、植民地、商船隊、貿易促進、武装進出、世界の七つの海にある〝アメリカの利益〟の擁護——に断固として乗り出したのである。

帝国主義、共和党の伝統的政策になる

しかしながら、その冒険に対する国民の支持を勝ち取り、それを維持していくには依然として、巧妙な方策が必要であった。共和党は、ウィリアム・ジェニングス・ブライアン自身による不思議な援助によってスペインとの講和条約を上院で押し通すことができた。だが、そのときですら、彼らは、ブライアンに対して、フィリピンの独立問題は保留したままにすることを約束しなければならなかった。また、一九〇〇年の大統領選挙戦においても、彼らは、自分たちのすべての主張を帝国主義にのみ置くことはしなかった。ブライアンは、立候補者として再び、この問題と、彼の従来からの綱領であり、四年前に共和党が国中を震撼させた自由銀の問題とを結びつけて考えることを主張した。帝国主義について、また、フィリピン独立のために戦っている島民らに対して当時、行われようとしていた戦争について、国民的な大論争が激しく繰り広げられる中、彼ら共和党員は、もう一度、亡霊を有効に利用したのだった。マッキンリーは再び、勝利した。少なくとも、表面的には、国民は、帝国主義綱領について完全に〝夢中になっている〟ようにみえた。共和党は、そうした言葉を使って、選挙結果を説明することを好んだ。マッキンリーが悲劇的な死に見舞われたあと、副大統領のセオドア・ルーズベルトが大統領に昇格すると、彼は、そ

の言動によって、新たな教理の字義と精神とを代表し始めた。

ルーズベルトは、注目を浴びる問題を、本能的に嗅ぎつけることができるベテラン政治家の本能でもって、一九〇四年大統領選挙戦において、この新しい精神を脚色した。実際のところ、彼は、新しい精神の功罪に関して熟慮を重ねたはずの自分の主張に不安を感じていた。保守的な共和党員たちは、彼の奇矯な性癖を恐れて、彼が立候補することについてあまり気乗りしなかった。しかし、〝世界政治〟の舞台で奇妙な事件が起こったため、彼は、共和党全国大会がシカゴでつまらない会合を続けている間に、国中に〝衝撃的なスリル〟をまき散らすことができた。

その少し前に、モロッコ在住の裕福な商人で、アメリカ市民であると自称しているイオン・ペルディカリスという人物が、ライスリというモロッコ人の盗賊に拉致され、身代金を要求されるという、奇妙な事件が起きて、再び、バーバリー海賊[37]の暴力を思い起こさせた。共和党全国大会が、シカゴで開催される前に、モロッコ政府は、ペルディカリスを解放する手はずを整えていた。しかし、国務省が、多大の労力を払って、調査したところ、ペルディカリスは、アメリカ人でないことが分かった。彼は、合衆国で生まれていたけれども、アテネにおいてギリシャ国民である、と登録されていた。また、タンジール[38]では「一般にギリシャ人として知られていた」という。このことを事実と確信した国務省は、調査結果を、ホワイトハウスのルーズベルト大統領に送った。タイラー・デネット[39]が述べているように、この情報は、ルーズベルト大統領に「まったく歓迎されなかった」。大統領は、国民にこの事件の真相を知らせるどころか、反対に隠蔽し、モロッコのアメリカ総領事に対して「ペルディカリスを生かせ。そうでなければ、ライスリに死を」という断固たるメッセージを送ったのだった。

アメリカの権利と権力を宣言している、この気の利いた電報が公表されたとき、共和党の政治家たちは、盛んに拍手喝采をして、それをスローガンにとり上げた。その「ペルディカリスを生かせ、そうでなければ、ライスリに死を」という要求を、ひとりの政治家が読んだ後、「私は、このスローガンが好きだ。国民もまた、そうすべきである」と、大声で叫んだ。そしてもうひとりの政治家が「愛国心に訴えられたら、国民は、速やかに反応を示す」と述べた。ニューヨーク州選出の下院議員が、それに応じて「本当に素晴らしい」との声を上げ、「国民は、市民を守ってくれる政府を欲しているのだ。たとえ、そのために艦隊を派遣しなければならなくても、だ」と指摘した。ジョン・ヘイはおそらく、心中密かに笑いながら、一九〇四年六月二十三日の日記に次のように書いた。「こんなに簡単な間違いが、これほど国民の胸に訴えるとは、奇妙なことだ」。

実際に、この事件全体がアメリカ市民に対する吐き気を催すような詐欺行為だったということ以外に、奇妙なことは何もなかった。ルーズベルトは、そのことを知っていた。ヘイもまた、そうだった。しかし、これは、帝国主義の政治家たちにとって、人々の心を扇動するうえで〝すぐれた材料〟だった。十一月に行われた選挙結果を熟考したとき、アメリカの帝国主義大統領は、この策略はうまくいった、と考えることができた。こうして、合衆国は、たとえ、すでに自由の身となり、モロッコで贅沢な生活を楽しんでいた金持ちのギリシャ人商人を救出するために、大海軍を建設することになったとしても、合衆国は、新たな進路に、取り返しがつかないほど身を委ねることになっていたのである。

共和党政府は、一八九九年以降、権力の座を掌握したときはいつでも――変化する環境に従い、脇道にそれることがあっても――新しい進路を追求した。マッキンリー大統領とヘイ国務長官は、合衆国の国民感情がそれを決して支持しないということを知らなかったならば、きっと中国に領土を獲得したであろう。しかしながら、彼らふたりと共和党の後継者たちは、世界の権力政治以外のルールはすべて遵守したのである。彼らは、海軍を着実に増強し、補助商船隊に対する、ある形式に沿った補助金を大いに推進した。彼らは、機会が提供されればどこにでも、海外での商品販売と資金貸し付けを促進するために、精巧だが、経費のかかる連邦機関を設立したのだった。

世界中で実行されたタフト大統領(40)の「ドル外交」にせよ、ヒューズ国務長官の実益政策下におけるアメリカの「利益」の推進にせよ、世界の至る所にある「アメリカ・ドルとアメリカ市民」を守ることを目的としたクーリッジの方策にしろ、あるいは、フーバーが、商務長官と大統領として、育成した販売および資金貸し付けの拡張策にせよ、その全般的な意図は同じものだった。つまり、アメリカは、売らなければならない過剰商品を抱えている。アメリカは、それらを売らなければならない、そうでなければ、破産する。外交と実力のすべてのエンジンのスイッチをいれて、「アメリカの利益」を、七大洋と五大陸で発展させていくことが、連邦政府の必須の義務である、ということであった。国内で遂行しなければならない大規模な建設事業は、もはや残っていない。アメリカは「宇宙の意図」によって推進されている――と、ヘイは大げさに主張した。「繁栄」も「偉大さ」も、世界政治においてのみ勝ち取れるもののようであった――まさにそこだけにあるものと思われていた。

フィリピン領有は伝統的政策に対する完全な違背行為である

スペインとの戦争の期間中と、戦後すぐにしばしば言われたのは、事態は古くからの大陸政策に違背しなかった、この国の歴史は拡大・膨張の歴史であった、フィリピンの征服は単に、明白な運命の、もうひとつの側面にすぎなかった、ということだった。たとえそうであったとしても、アメリカ帝国主義の新たな進路は、歴史的形態としての大陸主義と、どの点で異なっているのか。この質問に対する答えは、帝国主義者たちが唱道した政策における根本的な革命を現実的に理解するために是非、必要なのである。

単なる膨張という観点からすると、古来の政策からの離脱は、征服によって領土を獲得することにあるのだろうか。この疑問に対する答えは、ノーである。合衆国南西部の港湾は、武力によって、メキシコから奪い取ったものである。しかし、大陸ブロックを完成させる接続地域であった。その地域は、その大部分が人の住んでいないところであり、従って、アメリカ市民による植民に開放されていたし、アメリカ産業によって容易に開発され得る地域であった。さらにいえば、小規模の陸軍部隊で、十分に防衛することができ、ヨーロッパやアジアの列強との間で紛糾することもなかった。

一八九八年になって、過去の伝統に背いたというのは、戦争や征服を行ったということにあるのではなく、征服した地域の位置と性格にあるのだ。フィリピン諸島は、アメリカの領土からかなり遠く離れたところにあり、海上七〇〇〇マイル以上もある。それらの島々は、合衆国がこれまで獲得した領土と違って、いつ戦争を始めるか分からない大帝国主義国家群に近接していた。それらは小規模の陸軍部隊では防御することはできない。もし、それらを少しでも効果的に防衛しようとするなら、アメリカがこれまで保有してきた海軍の二倍か、三倍の大海軍を必要とし、あるいは日本がかつて保有した、または今後、建造することができる規模の二倍か、三倍の大海軍によってのみ、守ることができるのだった。

フィリピンの位置と海軍による防衛という切迫した事情があったために、合衆国は、フィリピンを奪い取ったことにより、近接地域に戦略的領地を保有するふたつの大国、イギリスとフランスの活動領域に、ただちに投げ込まれてしまった。フィリピンを保持し、そしてアジアにおける英仏の帝国主義と協力せずに、そのことを口やかましくとがめ立てすることは、トラブルが生じた場合、日本との単独の衝突を自ら招いてしまうということにほかならなかった。こうして、合衆国は、ヨーロッパとアジアの友好国と敵対国のまっただ中に追い込まれていった。そして結局、一九一七年、ある事件が証明したように、合衆国は、たとえ故意にではなかったにせよ、あるいは公然とではなかったにせよ、ヨーロッパ諸国が世界の覇権を巡って戦っている戦争において、イギリスとフランスと協力し、それから二年後に民主主義のための戦争が終結すると、合衆国は、パリで開催された平和会議で、英仏両国がドイツのアフリカ領土を奪い取る手助けをしたのだった。

フィリピンは、太平洋のはるか彼方にあり、巨額の費用を投じても防御できないことに加えて、自治というアメリカの伝統とはまったく無縁である人々――アメリカの市民権が否定されてしまうほど異質な人々――によって占領されていた。この諸島には、アメリカ人の農民が、移住するための土地もなく、アメリカ産業が、開発できるような巨大資源もなかった。だが、実際のことを言えば、プエルトリコは、容易に防御することができたとしても、合衆国の資源や富に何も、もたらさなかったのだ。それどころか、プエルトリコは当時、ほとんど窒息するくらいに人口が過密状態だった。そして後年、フーバー大統領がヴァージン諸島に適用したフレーズを使えば、プエルトリコは〝貧乏人の家〟——後年、何千人もの移民がこの貧乏人の家から逃げ出して、ニューヨーク市の救済名簿に登録されたが、すでに重荷であった——になっていた。

フィリピンの掌握は、マハンの弟子たちが約束したように、大陸防衛を行う一機関としてアメリカの海上権力を増強するどころか、潜水艦や航空機が戦争の威嚇的武器として出現する以前においてすら、アメリカの海上防衛ラインを、効果的な防衛を行う範囲以上に拡大してしまったのである。実際のところ、それは大陸の安全さえ危険にさらしたのである。さらに、帝国主義的征服は、アメリカ人の生活に同化することができない、民主主義よりも専制的政府に慣れている、巨大な人口をもたらした。それ以前の領土拡張というものは、国家の軍事的潜在力と防衛力とを増大させ、国家を豊かにし、そして民主主義が発展していく過程において協力し得る人々が開発する土壌と資源を供給した。こうしたことのすべての点から見て、フィリピンの掌握は、古くからのアメリカの政策に対する完全かつ激烈な、そして革命的といっていいほどの違背行為であった。たとえどんなに巧妙な言葉をもってしても、厳然たる事実を隠蔽することはできないし、あるいはアメリカにとって重大な意義を隠すこともできないのである。

次に貿易について検討してみると、帝国主義という新たな進路を特に特徴づけるものは、貿易を促進することと、それに関連して武力を行使することにあったのであろうか。これに対する答えもまた、ノーである。合衆国政府は、独立国家を樹立して以来、海外での通商の利益に注意してきた。しかし、ほぼ一世紀の間、外国貿易に対する関心は、ほんの小さなものであり、外交および領事業務のひとつの局面にすぎず、しかも十分に組織化され、資金も豊富な活動ではなかった。(初代大統領の)ワシントンは、貿易増進を促したが、すぐに「何事も強制してはならない」と付け加えた。一八一三年から一八九九年の間、政府は、自分たちの貿易運営を妨害している、との嫌疑をもたれた〝進歩の遅れた人々〟と交渉する手段のひとつとして、砲撃から戦争に至るまで、多くの場合に、軍事的強制力さえ利用した。しかし、どんなに小さな戦争であっても、組織的軍事力を行使する政策として植民地拡大や貿易促進という名の下に行われた戦争は、一度もないのだ。それらは、アメリカ国民が貿易上の利益を追求するうえでの〝事件〟と見なされてきた。そしてそれらの〝事件〟は、ヨーロッパやアジアでの帝国主義的競争に永久的に巻き込まれることのない、一時的かつほとんど常に一方的な行為であった。

この貿易政策と対比してみると、貿易発展のための新たな帝国主義的進路は、六つの主要な特徴において、異なっていた。それらは(1)合衆国のほどよい程度の繁栄を確保するためにさえ、絶対的に必要な手段としての外国貿易の振興を強調していること、(2)もっとも激烈な競争に直面してでさえ、世界の至るところで、アメリカの通商上の利益を要求し、増進するために、連邦政府が、組織的かつ粘り強く、お金をかけて活動を行っていること、(3)他の国々に、世界の至る所にあると主張するアメリカの「権利」を認めることを要求し、あるいはそれを強制する手段として海上権力を組織的に活用していること、(4) アメリカ人のビジネスマンを〝教育〟し、もうかる企業の、最終的でないにしろ、最低限の希望が、帝国主義の理論と実践にあると信じ込ませるために、政治家が演説し、伝えること、そしてそれを煽り立てる運動を行っていること、(5) 通商上の権利、特権、そして利益に対するアメリカの主張を遂行し、擁護するために、一方的な行動をとる代わりに、一国あるいは複数の大国との協調行動をしばしばとっていること、(6) 地球上の〝後進地域〟における〝秩序〟を維持し、有色人種を〝啓蒙〟するうえで、合衆国には他の大国を支援すべき〝道義的〟義務がある、と強調していること。

遠隔地における通商上の利益と〝秩序〟の維持という問題に関して集団的行動をとるという傾向は、特に、実際的な効果が際立っていた。かつて合衆国政府は、この半球の外では限定的なコースを追求してきたのに、今や、自らの意志に基づいて、あるいは外国政府からの提案に基づいて、ヨーロッパやアジアにおいて共同事業というスキームのなかで、外国政府と協力を始めたのである。かつて合衆国政府は、これらの大陸で、対立状態や戦争に影響を及ぼそうとする試みを差し控えていたのに、今や、そのような紛争に干渉し、コントロールする責任を追い始めたのである。大陸主義の下で、合衆国政府は、かの東半球での紛争を、〝解決する〟ためでなかったとしても、論議するために開催されたヨーロッパの会議に参加することを拒んできた。帝国主義の下では、合衆国政府は、このような衝突や連合について、数え切れないほど多くの冗長な文書を書き、外交官と軍事専門家による国際会議に参加し始めるようになったのである。

帝国主義路線の証拠は以下のような多くの挿話に現れている。たとえば、ハーグで開催された一回目と二回目の〝平和〟会議（これらの会議は、現在われわれが知っているように、根本的には平和会議ではなく、極秘裏に行う陸海軍兵力を増強するための舞台であった）。中国で、貿易をするために他の帝国主義政府から〝門戸開放〟政策に対する尊厳を無理に引き出そうとした、ジョン・ヘイ国務長官の、幅広く宣伝されたが、そのほとんどが無駄に終わった努力。セオドア・ルーズベルトの日露戦争（一九〇五年）での調停。アジアの現状を破壊しようとする者に対してセオドア・ルーズベルトが日英と結んだ秘密合意。モロッコについて開催されたアルヘシラス会議（一九〇六年）へのアメリカの参加[41]。中国への融資を行うための国際借款団にアメリカの銀行家を強引に参加させようとしたタフト大統領の試み。また、中国の東清鉄道を〝中立化〟しようとして、最終的には不幸な運命に終わった、フィランダー・ノックス国務長官の試み[42]。昔、アメリカ外交は、根本的なアメリカの利害、特にこの半球におけるアメリカの根本的な利害に、集中していた。新たな政策の下で、アメリカ外交は、アメリカの利害が非常に小さいか、単に潜在的にすぎない、あるいはまったく虚構である場所にも向けられるようになった。

新しい外交がもたらした、そうした事件や挿話と結びつけて、それらは、その当時、国政を担っていた政治家たちの勝利である、と国民に伝えるための組織的宣伝が行われた。アメリカ国民は

〝フェア・プレー〟の精神を信じていた。ジョン・ヘイの門戸開放政策は成功例である――中国の独立を維持、そして中国貿易に従事しているすべての国々に〝公正な取引〟を与えるためのアメリカの計画を諸大国に受け入れさせるためのひとつの手段――として国民に巧妙に示された。アメリカ国民は平和を欲していたようだ。少なくとも、そのように言われていた。ハーグでの国際会議は、平和に至るための素晴らしい第一歩である、と説明された。ポーツマスの平和会議で、ロシアと日本を引き合わせる際に示されたセオドア・ルーズベルトのジェスチャーは、アメリカの英知に対する賛辞であり、善意を諸国家間に広げるアメリカの新たな成果である、と国民に説明されたのである。

公に発表された大陸主義外交からの離脱に関して、当時のアメリカ国民は、誰ひとりとして、その真相を把握していなかった。この点に関して言えば、彼らは〝無知文盲の異教徒〟のように、実際のところ、〝暗闇の中に座っていた〟のだ。彼らの手元には、公式声明や説明、あるいはそれと同じか、類似したニュース・ソースから生まれた新聞記事しかなかったので、どの事件も、何か高貴な主義の勝利として、歓迎する傾向があった。

帝国主義路線がしっかりと確立されて以来、長い間、その筋以外の人々は、新しい計画を示している、いくつかの国際的事件や交渉における政府の行動――表向きのそれとは区別された、実際の活動――を明らかにする秘密の公文書や文献に接することはできなかった。第一次世界大戦に続いてヨーロッパで起きた革命が、一部の原因となって、ついに記録文書が広範囲にわたって公開されるに至ったとき、いくつかの帝国主義外交の〝勝利〟は、その道義的かつ知的水準を、ライスリ事件のレベルにまで落としてしまったほか、合衆国の大陸における利害と安全にとっては、ライスリ事件よりもはるかに邪悪な意味を持つようになった。

要約すると、合衆国政府の主導権を握っている政治家たちは、国民の耳を喜ばせ、国民の虚栄心を満足させるような、事件のたびにつくり上げた美辞麗句の下、この国を、アジアとヨーロッパの数多くの紛争に巻き込んでしまった。彼らは、取り消すことは不可能ではないとしても、極めて困難な行為をしてしまったのである。彼らは、この新しい進路は国家の福祉には必要であり、それと同時に、国際平和と善意をもたらすものだ、と国民を教育して、信じ込ませようとする扇動キャンペーンを行った。彼らは、国務省内に、官僚政治と、歴史的な大陸主義とは正反対の伝統を築き上げた。

彼らは、おそらく無意識のうちに、アメリカ外交政策を発展させるための次なる道を用意していた。集団的世界政治への参加および「遅れている人々のために良いことを行う」という帝国主義理論から、世界平和と公共福祉のためと称して、ヨーロッパとアジアの問題に永久かつ公然と関与しようとするウィルソン大統領のスキームへと至るのは、ただの一歩に過ぎなかったのだ。実際のところ、一八九八年から一九一四年までのアメリカ外交の内幕史は、一九一八年から一九年にかけてのパリ平和会議の内幕史――その言い回しにおいては著しい違いはあったけれども――と、その性格や意図において、実質的には異なっていなかったのである。後世の意見によって判断すると、両者はともに純然たる成功であったとはみなすことができないであろう。

帝国主義的発展の原動力

戦争を伴う帝国主義的感情の爆発、アジアとヨーロッパにおける外交の関与、海軍費の増加、宣伝による陰謀、フィリピンにおける弁護の余地のない関与は、合衆国が経済発展を遂げていくうえで、果たして避けて通ることのできない産物だったのだろうか。実業家は、組織化されていようと一個人であろうと、帝国主義的発展の理念を、国内の不況から脱出するための手段として、あるいは工場および農場の〝過剰生産物〟のはけ口を獲得するための手段として、考え出したのだろうか。それとも、海軍士官や政治家たちが、その理念を、イギリス――限られた資源と、合衆国の広大な土地と比べて、取るに足りない耕作地しか持たない工業国――から、借用したものなのだろうか。あるいはこの帝国主義的感情の爆発は、一般大衆の戦争熱、国威発揚熱、狂わんばかりに国旗を振って愛国心を煽る狂気熱、ワシントンにおける雷鳴がとどろくばかりに怒号する外交熱の表れだったのだろうか。あるいは、この帝国主義的感情の爆発は、経済的大変動を生み、アメリカ外交に革命をもたらした事情や、個々の特定利益と違って、国家の平和にとっては危険であり、国全体に金銭的利益を何らもたらすことのない遠隔地の企業活動に巻き込まれるに至った事情などが、複雑に組み合わさったものなのだろうか。これらの問題は、長期間にわたって、この国を、アメリカ大陸の重心から引き離し、ヨーロッパとアジアにある帝国主義国家の明らかに終わりのない紛争に、半永久的に追い込む恐れのあるアメリカ外交政策で起きた革命の起源とその性格を理解するうえで、実に根源的な問題なのである。

最初は、そしてその後何年もの間、帝国主義の発展は、資本主義が進化していくうえでは避けられない結果である、と広く説明されていた。この説明について、マルクス主義者と多くのアメリカ人政治家たちは意見が一致していた。もっとも経済危機を克服するための救済策に関しては意見が違っていたけれども……。前者であるマルクス主義者たちは、資本主義の生命はまさに産業活動から生じる利益を有利に投資する――すなわち国内外で新たな事業に投資する――ための機会を、常に増大させていくことに依存している、と主張した。このマルクス主義の理論によると、帝国主義は、資本主義が発展する上で避けて通ることのできない次の段階にすぎず、未開地域の征服と、その数がますます増加し、そしてその破壊度もますます激しさを増す戦争を誘発し、最終的には世界革命のクライマックスに至る、というのである。

貿易と投資を拡大する必要があるという一般的な主張について、多くのアメリカ人政治家たちは意見が一致していたが、彼らは、自分たちの立場を、それぞれ異なる言葉で説明していた。彼らによると、農産物の〝余剰物〟と、〝利用〟できないもの、すなわち国内では売れない工業製品の〝余剰品〟があった。それゆえに海軍の拡張と植民地の拡大を含む様々な方法で、政府の圧力が、それらの余剰物資のはけ口をみつけるために〝必要〟であるというのだ。彼らの見解によれば、それは、膨張あるいは破裂、という問題であった——すなわち、膨張して永続的な繁栄を得る。あるいは破裂してしまって急に国内の経済を落ち込ませてしまう——という問題であった。

しかし、マルクス主義者——ほとんどのアメリカ人の政治家たちは彼らのことをほとんど、あるいはまったく知らなかった——は、問題になっている現象について、自分たちの見解を示すとともに、帝国主義の代替案を提案した。彼らの主張によると、この「利潤」と「余剰」は、資本主義の下では、産業の所有者たちが、高い利潤を得ながら低い賃金しか支払わないため、国内のほとんどの一般大衆が、自分たちが製造した商品を買うことができないという事実に起因しているという。従って、国内市場は、ますます増産される商品を吸収し、以前に比べて増えている工場や、機械、その他の生産者の製品に資本を投資する機会を提供できるほど急速には拡大することはできないのだ、と論じた。マルクス主義者の主張によると、こうした状況下において、少なくとも理論的には、帝国主義的膨張にとって代わることのできる、ひとつの選択肢があるという。すなわち、それは、産業を社会化し、増大する利潤を、どんどん増加していく賃金という形で、国内の購買者に配分するという方法である。

他方、アメリカの政治家たちは、この代替案を知らなかったか、知っていたとしても、不可能ではないにせよ、望ましくないものとして、拒否した。彼らは、経済が陥るジレンマを理解していた。だから、政治や海軍という原動力に訴えて、海外へ発展するという選択肢以外に方法がなかった。すなわち、おそらく、ゆっくりと進む企業の死を伴う、国内不況の連鎖から逃れられる方策はない、というのである。別の言い方をすると、政治家たちの分析では、海外への膨張は避けることのできない、免れ得ない政策であった。さもなければ、アメリカ経済は、成長が止まって、停滞し、企業のもうけも、減少する。あるいは耐え難いほど低いレベルにとどまってしまう。そして資本主義は、その活力を失ってしまうというのだった。

この歴史解釈に従えば、帝国主義は、合衆国において資本主義が発展していく上で、避けて通れない所産であった。当時、支配的だったアメリカの文明観や経済観、そして統治階級の知的水準を前提として考えると、十九世紀が終わりに近づくにつれて、外交政策の立案者には、それ以外の進路が開かれていなかったということが、ある程度まで、指摘できるのだ。いずれにしろ、それ以外の進路は採用されなかった。そして不可逆的な歴史の潮流の中で、帝国主義の路線は、結果として、失敗の道を辿った——すなわち、半永久的な資本主義発展のゴールにたどり着くことはなかった。

しかし、歴史的事実は、アメリカの資本主義者たちが、ひとつの階級として、あるいは大きなグループとして、繰り返し起こる経済上の混乱や長期間にわたる国内不況によって提示される諸問題の解決策として、帝国主義的膨張政策を生み出したという考えを裏付けてはいないのだ。個々の貿易商や製造業者たちは輸出に熱心だった。たとえばマサチューセッツ州ローウェルの実業家アボット・ローレンスのような人物は、極東における市場の開拓や展開に海軍力を利用する有利さを、早い時期から理解していたし、その意味を詳しく説明していた。アメリカ人の貿易業者や〝後進地域〟への投資家たちは、政府の支援を求めていた。J・P・モルガンは、海上権力に関するマハンの最初の本の出版費用として少額の寄付をした。ボストンのビジネスマンの集会は、製造業と農業の過剰生産物のはけ口を見いだす方法のひとつとして、帝国主義的膨張政策を求めるアルバート・J・ベバリッジの演説を心の底から賞賛した。

けれども、正直に言って、帝国主義的膨張政策の考えは、ビジネスマンたちの創造の産物ではなかった。〝ウォール街〟の主勢力は、一八九八年のスペイン戦争には反対だった。タフト政権下における中国に対してアメリカ資本を強制しようとする運動は、アメリカの銀行家が創出したものではなかった。正確にいうと、彼らは、政治家たちに〝威圧〟されて、そういう行動に出たのだ。ビジネス界の広い層で帝国主義の理念が人気を得たプロセスについての詳細な歴史は、いまだ書かれていない。しかし、全体的にみると、大資本家たちは、当初、帝国主義者たちが創造しようとしていた勇敢な新世界については、物怖じした態度をとっていたのであり、外交政策の革命において、彼らが指導的な立場であったというよりむしろ追随者であったという主張のほうが、十分に正当化できるのである。

史的事実に忠実であろうとすれば、帝国主義的膨張の思想は、ビジネスマンよりも、むしろ主として、海軍士官や政治家たちの責任に帰さなければならない。マシュー・C・ペリー提督は、早くも一八五〇年にはその思想を抱いていた。そして彼は、間違いなく、その思想を、アジアのイギリス海上権力を観察した結果、得たのである。一八七二年、自らの意志で、サモア諸島の海軍基地を強奪したリチャード・ミード提督は、自ら進んで、帝国主義の壮大な理論を研究したり、体系立てたりして、考案したわけではなかったにせよ、イギリスの海上権力が実際、どんな活動をしているのかを知っていた。誰もが同意するように、アルフレッド・セイヤー・マハン海軍大佐こそが、アメリカ帝国主義を考案した第一人者である。公開された記録でも、マハンが、大英帝国からその思想を借用したことを示している。そしてまた、野心の横溢した政治家であるセオドア・ルーズベルトとヘンリー・カボット・ロッジが、早い段階で、マハンの主張を受け入れ、この思想を国策にするために、言論と行動によって宣伝を始めたということも示しているのだ。中国政府に対する直接行動によって、アメリカの資本を中国に押しつけようとイニシアティブをとったのは、ウォール街の銀行家ではなく、共和党の政治家、タフト大統領その人だった。

場合によっては、海外貿易に携わっているアメリカの資本家たちから、そもそも圧力が加えられた、ということも確かである。そして圧力の貸借対照表はいまだに計算をされていないのだ。しかし、海軍士官と政治家が、帝国主義的膨張政策の主たる主唱者であり、ビジネスマンたちは、徐々にその思想を自分たちのものとなし、心からの支持者となったのは疑いようのない事実なのである。さらにいえば、一九二九年の大恐慌以来、ビジネスマンたちは、戦争や外交の冒険主義に著しい嫌悪感を示すようになった。新聞で正しく報道されているとするならば、彼らは、フランクリン・D・ルーズベルト[43]政権の政治家たちよりも、孤立主義者であった。

大衆心理にはある程度、海軍士官や海軍軍需事業者の運動、権力を握ろうとする政治家たちをえり好みする性癖があったことは疑いようのない事実であった。ジョン・バセット・ムーア[44]がかつて述べていたように、異議を唱え、不満を訴える人々がいたにもかかわらず、戦争は、合衆国では常に人気があった。一八九六年、合衆国国民は、長引く不況と、それに伴って広範囲にわたり生じた企業倒産、失業、経済的困窮、社会不安にうんざりとし、それらを忌み嫌っていた。アメリカのインテリの少なからぬ人々は、長い間、劣等感を抱いていて、イギリスやヨーロッパ大陸の批評家たちが、アメリカ文化を酷評したことに心をかき乱されていた。この種の焦燥感に苛ついていた、インテリたちにとって、外国人の眼に自分たちが〝大人〟として映ったり、イギリスの統治階級の承認を勝ちとったりするような機会は、心の底から歓迎されたのだった。「ペルディカリスを生かせ、さもなければ、ライスリに死を」事件において、セオドア・ルーズベルトの詐欺的トリックを歓迎した雷鳴のような拍手喝采は、アメリカの力を、世界に向かって華々しくデモンストレーションしたいという国民感情が心の奥底にあったことを示唆していた。心理学者が描写したように「取るに足りない、ごく平凡な男と女は、いわば国家の偉大さを見せつけることで、それを、わがことのように誇りに思った」のだった。

このような知見に鑑みれば、この国を帝国主義的冒険に投げ込んだアメリカ外交政策の革命は、様々な状況が組み合わさった結果であって、歴史の中に見出すことのできる経済的因果関係の直接的連鎖の結果では決してなかったように、その当時は思われたようだ。このことを、〝運命〟とか、〝宿命〟、あるいは〝宇宙的傾向〟のせいにすることは、魔法や一般的な迷信とさほど変わらない神秘主義に訴えることであり、合理的な分析の可能性を放棄することなのである。合衆国の前途には、当然ながら、もう一度、戦争や帝国主義的膨張の爆発があるかもしれない。政治家たちの秘めたる才能はしばしば無限であるかのようである。しかし、今、われわれの前には、秘密の陰謀、欺瞞、愚行や挫折に関する新たな発見を含む先の爆発〔第一次世界大戦を指している〕に関する、かなり完全な記録があるので、最悪の暴力をある程度までは避けることができるかもしれない。あるいは少なくとも、〝ペルディィカリス・ライスリ〟の電報を、鵜呑みにはせず、一片のユーモアとして、おそらくは一笑に付すことさえできるかもしれないのだ。

帝国主義に対する歴史の審判

帝国主義の出現についてどのような説明が行われようとも、一八九八年から一九三三年の間に下された歴史の審判は、まったく疑問の余地がない。その記録は、多数の明白なる事実からなっている。そうした事実の正確さについては、十分な意見の一致を見出せるのだ。その記録には、預言としての、いわば海上権力の科学としての、戦艦隊の戦略としての、合衆国に貢献する誓約としての、つねに拡大する市場と利益を約束するものとしての、帝国主義に対する時間——最後の手段である法廷での——の審判が表れているのだ。もし、これが教義としての、政策としての帝国主義の有効性を示す、ひとつの試金石ではないとするならば、その試金石は果たしてどこに見出せるのだろうか。

一八九〇年に起きた、ある出来事の予言者として、アルフレッド・T・マハンは、正しかった。彼が指摘したように、合衆国の国民は気づかなかったけれども、アメリカ海軍は着実に増強されつつあった。アメリカ海軍はますます大きくなった。また、イギリス、ドイツ、フランス、日本のそれぞれの海軍もまた、同様であった。毎年、巨額の資金が軍備に注ぎ込まれた。権力、領土、通商、植民地、海軍基地をめぐる競争がますます激化し、ついに一九一四年の世界大戦において、そうした競争は爆発したのだった。

軍備、帝国主義、海上権力において、そうした示威行動が終わった後、軍備拡張と戦争が一時的に休止される約束がなされたが、それらが幻想であることが証明されるに至った。これまで以上に、巨大なスケールでの戦争準備が、再び、文明世界のあらゆるところに現れ、そしてそれらはもう一度、爆発し、ヨーロッパとアジアにおいて、破壊的な戦争となった。一方、合衆国も、これまで以上に熱心に戦争準備を行い、奈落の底の上で身震いしていたのだった。これらすべての出来事とさらに多くの事件は、歴史は、大体において、主としてではないとしても、権力、通商、海陸に帝国を築こうとすることをめぐっての闘争の歴史――冷酷で、無情な、終わることのない闘争――であるというマハンの説を実証していた。それにもかかわらず、多年にわたって広がったこの歴史的実証は、ヨーロッパ、アジア、アフリカ、七つの大洋上にある遠隔の島々を領有するための巨人たちの競争において、合衆国が、永久に侵略的な役割を演じなければならない、ということを証明してはいないのである。

こうした年月の、いや実際は何世紀にわたる歴史は、海上権力が、帝国の興起、安全、衰退を決定するうえで、また、領土や通商をめぐって生じる戦争の結果を決めるうえで、〝決定的な要因〟となるという主張を、裏付けたのであろうか。マハンの最初の本が出版された年である一八九〇年より前の複雑な状況下において、海上権力が単独で存在したという事例は、一度もなかった。

どちらか一方が決定的勝利を獲得した多くの海戦があったことは確かである。海上権力は、ローマが地中海沿岸に沿って、自らの帝国を築くうえで、強力な武器――なくてはならない武器――となった。しかし、ローマの海軍は、領土を拡張していくうえで効果のある海戦での勝利を一度もしなかった。陸上でのローマの権力を拡張し、維持するには、ローマ軍団を必要とした。海ではなく陸が、ローマ帝国の土台を形成したのだ。ローマの海上権力の衰退のみが、帝国衰亡の決定的な要因ではなかった。経済的、社会的崩壊を中心に、ローマ陸軍の士気喪失、陸上からの蛮族の侵略こそが、海軍を喪失したことよりも、ローマ帝国の最終的な消滅の主たる要因となったのである。

大英帝国の興隆を伴った数々の大戦争――たとえばスペイン継承戦争、七年戦争、ナポレオン戦争[45]、第一次世界大戦――の中で、海軍が単独で交戦したり、戦闘の結末を海上の戦いのみで決定づけたりした戦争は、一度もない。それとは反対に、これらのすべての戦争において、イギリスは、ヨーロッパ大陸に陸軍部隊を派遣したのみならず、強力な同盟国陸軍の協力を得ていた。イギリスの勝利の背後に、イギリス側に立って戦った陸軍の規模の大きさと、その数々の成功があったという条件があってこそ、イギリス海軍がこうした帝国主義戦争で決定的な要因をなしたと言えるだろう。それと同じように、イギリス海軍の規模の大きさと、その成功の数々があったという条件があってこそ、陸軍部隊が、これらの同じ戦争において決定的な要因をなしたとも言えるわけである。アメリカ海軍の活躍がなかったならば、スペイン軍は、一八九八年にマニラで、合衆国に全滅されることはなかったであろう。しかし、アメリカ陸軍の活躍がなかったならば、デューイ提督[46]の勝利は、占領、すなわちフィリピン群島を実際に奪取し、その後支配を行うということに関して、効果の薄いジェスチャーにしかならなかったであろう。要するに、陸軍も戦闘に参加するあらゆる戦争において、海上権力が「決定的な要因」になったというのは、本当の意味を欠いた説明なのである。トラファルガーでのネルソン提督[47]の勝利は決定的であり、プロシア軍の支援を得たワーテルローでのウェリントン将軍[48]率いるイギリス陸軍の勝利は決定的ではなかった、というのは無意味な修辞を弄しているようなものなのだ。

マハンが一八九〇年に最初の本を出版した後に起こった、ヨーロッパとアジアの帝国が関係した戦争は、〝決定的〟という概念の浅薄さを、一段と効果的に実証したのだった。いや、それ以上のことを実証したのだ。それらの戦争は、陸軍や空軍力ではなく、ほとんど海軍力のみに依存してきたイギリスの海上覇権にとってかなり危険であることを証明した。自分たちが海上覇権を握っているという、海の幻想にとらわれ、大英帝国は一九一四年、相対的に言っても、ほんのひとつかみの陸軍しかフランス支援のために大陸に投入しなかった。繰り返された惨事に教えられて初めて、イギリス政府は、陸軍が全面戦争には必要である、という明白な事実を理解し、戦争遂行の手段として徴兵制を用いるようになった。仮に、イギリスが、一九一四年にもっと少ない戦艦しか保有していなかったとしても、厳しい訓練を施された百万人の陸軍を自由に操っていれば、一九一四年のマルヌの戦い[49]での英仏連合軍の勝利が（戦争を短期で終わらせる）決定的要因となっていただろう。陸軍兵力を無視し、偏狭にも海軍兵力だけに集中したことによって、大英帝国は、地上戦において、ほとんど支配力を失いかけた――アメリカ陸軍が一九一七年、予定通りにヨーロッパに到着していなかったならば、支配権を失っていたかもしれない。

もし、ドイツ政府が、マハンを無視し、海軍をかまわずに放置していたならば、フランスとロシアは、イギリスを戦争に引きずり込むのが難しかったであろう。ドイツが戦艦をまったく建造しなかった――潜水艦、水雷艇、飛行機だけしか造らなかった――と仮定しよう。ドイツが、弩級《どきゅう》戦艦[50]に投じた費用を使って、追加的に五個か六個の軍団を増設、これらの軍団に兵力を配備したと仮定してみよう。この場合、ドイツ軍は、六か月で、イギリス、フランス、ロシアの陸軍を圧倒し、そしてイギリスに「制海権を握」らせたまま、集中的に潜水艦と航空機による戦闘にイギリス海軍をさらしたのではないか、というのは疑いようがない事実ではなかろうか。

多くの大帝国は、主として、陸軍によって実現されたということは、何よりも明白な史的事実である。ロシアは、語るに値するようないかなる海軍を持ったことがない。ロシア帝国は、主として、何世紀にもわたって行われた陸軍の征服の産物であった。旧オーストリア・ハンガリー帝国は広大であったが、その海軍力は、取るに足りないものだった。ビスマルクのドイツ帝国は、主として、プロシア陸軍が創造したものだ。何年もの間、ドイツは、ほとんどないに等しい海軍に満足していた。もし、ビスマルクの後継者たちが、海軍力をそのままに放置しておいたならば、彼らは、一九一八年、陸上における敗北を回避できたかもしれないのだ。

合衆国の重要な領土獲得はすべて、海上における決定的戦闘の介在なしでなされた。南西部をメキシコからもぎ取った主たる要因となったのは陸軍であった。合衆国陸軍によってかき集められた帝国の果実と比較すると、サモア、グアム、プエルトリコ、フィリピンの米海軍が首尾良く手に入れたそうした果実は、ささいなもので、苦痛に満ちたものであり、害があっても、益はないもののようだった。

マハンが主張するように、もし、膨張ということが、生命の法則であり、知性がその一部であるならば、合衆国が、強力な陸軍を建設し、いずれも隣接していて天然資源が豊富なカナダとメキシコを獲得し、そしてヨーロッパの小帝国主義者たちに、アフリカの黒人や東インドのマレイ人の所有をめぐって争わせるほうが、思慮深く、有利な帝国主義であったかもしれない。

いや、海上権力は、歴史において〝決定的な〟要因でもなければ、帝国の建設や総力戦となる現代の戦争においてもそうではないのだ。人間の耐えることのない愚行以外に、決定的な要因などというものはまったく存在しないのだ。

戦術面からいって、マハンは、戦艦を、いわゆる〝背骨〟となし、それを適切な数の補助艦に囲まれた艦隊が、最高の防御兵器であり、極めて重大な地点において敵を撃つ最高の攻撃兵器である、と主張した。この主張について、後世の歴史の審判はどうであったろうか。専門家の意見は、決して一致しないだろうが、いくつかの事実は、門外漢にも明白なのである。

ロシアは、日露戦争において、装備の貧弱な艦隊を極東に派遣した。その艦隊は、船底を汚損した状態で、日本海に到着した。そして東郷提督率いる優秀な艦隊に、あっという間に撃破されてしまった。しかし、これは、特殊で、孤立した事件であった。それのみが戦争を決定づける要因ではなかった。第一次世界大戦の間、イギリスとフランスは、大型戦艦において、ドイツに対して断固たる軍事的優位を保持していた。戦争が始まってしばらくの間、イギリスの海軍本部では、この部隊を使って、敵をひと突きし、「ドイツ兵をネズミのように穴らから掘り出してしまおう」などと無責任な議論がなされていた。連合国に優位性があり、そして最初の頃は、鼻にかけていたが、その試みはなされなかった。戦艦を背骨とした密集した艦隊は、ドイツの領海に突っ込み、ドイツの防御網を破壊し、ドイツ領土への上陸準備をするということはなかった。それは疑いもなく、連合国海軍首脳部が、その試みは成功することはない、と信じていたという単純な理由からであり、連合国海軍首脳たちは事実、敵にとって死活的に重要な地点を海上から突くことを恐れていたからであった。また、アメリカ海軍の全兵力が、英仏連合軍に加わった後でも、そのような攻撃は行われなかったのである。

一九一六年、イギリスとドイツの艦隊間で戦われたユトランド沖海戦(51)は、双方とも、その成果を誇張しているけれども、確かに決定的ではなかった。双方とも、この種の戦闘をもう一度行うことを熱望してはいなかったようだ。そのうえ、ガリポリでの上陸作戦(52)を援護しようとした英仏連合軍艦隊が完全に失敗したことは、強力な沿岸防御施設を攻撃するために優勢な海軍力を使用することが、潜水艦の脅威が除去されていても、何らの保証を期待できない、ということを示している。

第二次世界大戦初期のイギリスおよびフランス海軍の経験は、いかなる点においても、マハンの集団艦隊戦術論を従来以上に決定的に裏書きするものではなかった。今度も、連合軍は、重装備の戦艦において、圧倒的に優勢だった。戦艦を背骨とした大艦隊を完全な軍列で外洋に押し出そうとはしないで、イギリスは、重装備の自らの艦隊を、整備された軍港、あるいは安全な場所に封じ込めたままだった。だが、そのうちの何隻かは、そこでドイツ潜水艦に撃沈されてしまった。実際のところ、イギリス海軍の問題は、この強大な海軍力を駆使して、敵のもっとも重要な地点を攻撃することにあったのではなく、主要な戦闘シーンから遠く離れたところにある孤立した海洋において、その艦隊を、敵の攻撃からいかに守るか、ということにあったようだ。遊弋する襲撃艦艇を撃沈するため、優秀な戦闘艦艇が必要であることが、再び実証された。しかし、そのことは、マハンの集団戦隊戦術論においては、枝葉の問題であった。もし、イギリスが、一九一九年から一九三九年まで、戦艦ではなく、迅速な大型爆撃機の分野において、対独比率で三対一を維持していたならば、大英帝国の運命にとっては、そのほうがより幸運であったかもしれないのだ。

マハンの理論において合衆国に関して言えば、政府が、日本に対して、外交上の圧力を加えることを躊躇していたのは、西太平洋海域において集団的な攻撃兵器としての米海軍の陣容が不十分であったことを示唆していた。この点についてのいかなる疑問も、一九三八年初め、下院海軍問題委員会で行われたリーヒ提督(53)の証言によって、解消された。この問題について、リーヒ提督は、日本に対しての攻撃を成功させようと思うならば、米海軍は、日本海軍の少なくとも二倍を必要とするであろう、と宣言した。たとえそうであっても、その後のイギリスの様々な対ドイツ作戦は、いかに優勢な米艦隊といえども、極東海域で、日本に対して簡単に勝利を得られるとの希望を、バラ色のように明るいものとはしなかった。また、イギリス海軍の対ドイツ作戦は、戦争が起きた場合に、交戦国のどちらかが、もう一方の側の重要地点を攻撃するために、艦隊でもって、太平洋を横断する危険をあえて冒すものではない、ということも示していた。

防御の側面について、集団艦隊理論は、苦い経験から生まれた疑問によって光輝を奪われてしまった。五十年の歴史に照らしてみると、いかなる海軍本部といえども、移動しやすい長距離沿岸砲は言うまでもなく、潜水艦、水雷艇、魚雷艇、高速重爆撃機によって十分に装備を施された相手の強国を攻撃するため、近海あるいは遠洋に、集団艦隊を派遣する冒険をあえて敢行するかどうかは、かなり疑わしい問題だった。ヨーロッパとアジアの海軍本部といえども、合衆国——たとえ海戦で勝利しても、合衆国への上陸が成功する可能性は無視できるほど小さいに違いない——を守っている広大な大洋を渡って、そのような行動をこころみようとするかどうかは、より一層、疑わしい問題なのである。

しかしながら、これらのことすべては、合衆国海軍の建設計画には何ら影響を及ぼさなかった。また、それらは、戦艦の戦争行為や、防御、あるいは攻撃のための集団艦隊行動の技術についての徹底した調査さえ、もたらさなかった。過酷な経験が、マハンの戦略上の議論を、宙ぶらりんの状態で疑念に覆われたままにしたけれども、ほとんどの連邦議会議員や海軍士官たちの精神構造のなかでは、それは至上の位置を依然として占めていた。

マハンによって育成され、ワシントンの海軍省によって継続された海上権力による帝国主義の他の特徴もまた、五十年の歴史によって、試された。海軍基地は、アメリカの利益圏にあるカリブ海域外にある遠隔地の海洋に設けられ、アメリカ海軍の〝資産〟となった。実際のところ、太平洋に、イギリス、フランス、オランダ、日本に対抗する行動をとらずに、これ以上の基地を獲得するのは不可能だったし、現に一個も獲得されなかった。太平洋上にあるドイツ領の島々は、第一次世界大戦にアメリカが参戦した最後のころに、要求できたかもしれないが、その特権は、ウィルソン大統領の国際主義構想の下で、否認されてしまった。

加えて、潜水艦や爆撃機の発達した技術が「難攻不落の海軍基地」の性質を変化させた。そのようなものを、遠隔地の海洋や、強力で、非友好的な国家に隣接する狭隘な島々の上に築くことが今後も、可能となるかという問題が持ち上がった。こうした状況下で、遠隔地の海軍基地は、合衆国の資産であるよりもむしろ負債であるように見られ始めた。

いずれにしても、海軍に気前よくお金を注ぎ込むことに疑問すら抱かなかった合衆国連邦議会は、一九三九年、フィリピンとグアムにある〝難攻不落〟の海軍基地を建造する予算を否決したのである。また、合衆国は〝小さくて褐色の肌をした兄弟たち〟が占拠している遠隔地に、今以上の植民地を獲得し、それらを〝文明化〟したり、〝キリスト教化〟したりすることによって、アメリカ製の工業製品や農産物の余剰品の購買者に仕立て上げようとする気配は見せなかった。それどころか、合衆国は、多くの血と巨額の資金を犠牲にして、一八九八年に吹き荒れた帝国主義騒動の最中に獲得したフィリピンを手放したいという強烈な想いを表明した。だから、帝国主義的信条の海軍基地と植民地という二つの特徴は、少なくとも、一時的に忘れ去られてしまったのだった。

帝国主義者たちは、海軍を貿易の後援者とみなし、政府補助金をもらっている商船隊を、拡大し続ける貿易の必要かつ有利な補佐役とみなしていた。海軍省はその主義を繰り返し支持し続けた。アメリカの海軍士官は、大した成功はしなかったけれども、時折、スーパー・セールスマンの役割を試みた。海上権力に関するマハンの最初の作品が出版された後の五十年の記録の中に、このことはきちんと載せるべきである。ところが、そのようなセールスに要した実際のコストが、販売された商品の総価値よりも本当に少なかったかどうかということは、海軍省の宣伝機関が時々、発行した派手な装いの会計報告書から発見することはできなかった。

一時しのぎの便法や不正事件により、さまざまな形式をとって次々と、アメリカの商船隊に対する補助金を付与する財政措置がなされた。文字通り、数十億ドルの巨額マネーが、明らかにバカでかくて扱いにくく、底のない船に注ぎ込まれたのだ。二十五年にわたって補助金を支払い、前もって準備をし、宣伝が行われた後も、合衆国の外洋船舶隊はいまだに比較的小規模な陣容にとどまっているように見受けられる。バランスシート（貸借対照表）を注意深くながめてみると、巨額の負債と比べて、その横に記載してある資産がおそらく、わずかしかないことがわかるだろう。

いずれにせよ、通商の後援者としての海軍と、アメリカの繁栄への貢献者としての商船隊とが生んだ金銭的利益は、一九二九年から一九三九年の不景気を通じて、アメリカの産業設備を高度に利用しなかったがゆえに失った三千億ドルの損失と比べれば、微々たるものだった。たとえ、海軍と商船隊が、彼らが主張するように、〝金儲けのできる〟ものであったにせよ、彼らは、国内の経済的困窮を目に見えて緩和するに足るほど、アメリカの工業製品と農産物の余剰品をさばける大きな販路を見つけ出すことができなかった。帝国主義の夢は、この点においても、魅力的な成功を収めなかったのである。

海上権力主義のもうひとつの項目は、アメリカ海軍はアメリカの通商のために海上交通路を開放しておく、という論点だった。第一次世界大戦のつらい体験を経た後でさえ、海軍省はこれ見よがしのスローガンを繰り返し続けた。しかし、事実はこの理屈と反対の方向に動いた。一九一四年に戦争が始まるとすぐに、イギリスは、ドイツへのアメリカの合法的海上通商路を、何のお咎めも受けずに閉鎖した。イギリスは、以前から承認されていた国際法上の規則の下では明らかに非合法的な行動によって、アメリカの対独貿易について鉄のごとき封鎖を押し付けたのだった。イギリスは、アメリカの郵便物を奪い取り、開封した。イギリスは、ドイツの会社との合法的なビジネスに携わっていたアメリカの商人たちをブラックリストに載せた。そして合衆国が参戦すると、他の中立国に対して同じような措置をとっていた連合国の列に、合衆国は加わったのである。

しかし、合衆国が参戦した一九一七年の前後には、海軍は海上交通路を開放したままにする、と国民には伝えられていた。平時には、事実、海上交通路は開放されていた。戦時には、強力な交戦国が海上交通路を封鎖するのが適当だと考えたところはどこであっても、そうした交通路を、開放させるわけにはいかなかった。日本が一九三七年に中国に対する戦争を始めた後、アメリカの哨戒艦は、アメリカの通商のために揚子江を自由交通路にしておくことができなくなった。第二次世界大戦が一九三九年に勃発すると、合衆国の議会は、戦争圏内の封鎖された海上交通路にひたすら立ち入らないよう、アメリカ船舶に命令した。海上権力に関するこの虚構は、再生の望みがないほどに吹き飛ばされてしまったことを、様々な出来事が実証しているようだった。

帝国主義者たちは、植民地の拡大、外国との通商、海外融資の促進を通じて、合衆国が繁栄することを約束していた。フィリピンの冒険に関するバランスシートを子細に作成してみると、アメリカの特殊な利害関係者に特殊な利益をもたらしたことを示していたが、海軍費の増加は別にしても、国家全体にとっては大きな損失であった。帝国主義は、積極的な利益をもたらすどころか、日本との貿易を含めアジア貿易全体で得る年間利益の何倍にも達する海軍の年間予算を、さらに三倍から四倍にしないと、合衆国はおそらく単独では防衛できなくなるほど危険な責任を極東で担ってしまったのだ。アメリカの〝生産余剰品〟をさばくのに十分な販路を与え、国家に繁栄をもたらすことに失敗した証拠が必要であるならば、一九二九年の大恐慌と、その後何年も続いた困窮と零落が、豊富な証拠を提供するであろう。

帝国主義者の肝煎りでとられた、他国との集団行動は、彼らが期待し、発表したような偉大な結果をなにひとつ実現することはなかった。門戸開放という決まり文句の下、他国に対して、中国の領土的および行政的保全を尊重させようとした試みは、何年にもわたる偽りの希望や些細な押し問答が行われた後、イライラを募らせて、終わってしまった。交戦国に破滅が襲いかかる前に、日露戦争を終結させる手助けをすることによって、極東にある種の均衡状態を形成しようとしたセオドア・ルーズベルトの夢は、十五年のうちに消えてしまった。一九〇六年のアルヘシラス会議に参加したことも、多少とも意義のある点を除いては無駄であったことが、証明された。この会議は「世界平和を維持する」ために有益であったという彼の弁解は、第一次世界大戦が勃発したことによって、八年も経たないうちに茶番と化した。東洋の現状を維持することを目論んで、一九〇五年に、彼が、日本やイギリスと交わした秘密合意も、同じように、結局、無駄に終わった。帝国主義は、戦争を助長し、多数の外交文書の往復と言葉の交換を促進したほか、外国に対して大規模な資金貸し付けを促進することを強調した。だが、債務不履行、債務支払いの拒否、財産の差し押さえはまもなく、このような空想の、幻想的な性格を実証したのだった。

では、偉大なるアメリカを建設しようとしたマハンの海上権力の誓約や、国内の惨禍から逃れて常に増大する繁栄を求めようとした帝国主義者たちの約束から残ったものは何だったのか——ジョン・ヘイの〝宇宙的傾向〟を促進しようとして〝大政治家たち〟が、ほぼ五十年の歳月と莫大な財宝を費やした後に、残ったものはいったい何だったのか。その答えは、歴史的記録にある——今や何もアピールすることのない歴史の法廷の記録の中にあるのだ。仮に、合衆国が、旧来の大陸主義を堅持し、第一義的な利益を有する地域内に、適切な防衛体制を固めていたとすれば、合衆国は、国家として、劣弱な存在であり、資源も貧しく、より深刻な危機に遭遇した、というのだろうか。

第4章

国際主義の政策

合衆国が採用すべき外交方針として提案された第三の外交政策は、国際主義である。これは、他国との外交関係を処理していく上で、政府が目指すべき根本的な目的を、世界の平和に置いているものである。この政策の提唱者たちはしばしば、アメリカの平和運動の独占を要求する。そして彼らは、自分たちの方法に従うことによってのみ、合衆国は平和という恩恵を手に入れることができる、とあまねく主張するのである。それゆえに、国際主義は、アメリカ文明と市民の自由を安全にすることを第一義的な条件としており、合衆国が利害関係を有している大陸圏内において合衆国のために平和を保持し、あらゆる場所での平和的な関係を維持しようとする政策とは明確に区別されなければならない。

このように定義された国際主義は、特定の様相を特徴とする。国際主義は、自らが主張している目標を達成するために、合衆国を、ヨーロッパの国家システムと恒久的な絆によって結びつけることを提唱している。国際主義は、大英帝国の一領土としての地位に関連した政治的混迷から、アメリカを解放しようとした一七七六年の努力[1]において宣言された、アメリカ大陸の独立主義を拒否する。こうした立場をとっている国際主義者はまた、世界史の性格とヨーロッパ政治の可能性について多くの仮説を立てている。彼らは、恒久的な世界平和は望ましいばかりでなく、不可分なものであり、自分たちの方法を追求することによって実現し得る、と考えているのだ。とりわけ、合衆国が、恒久平和の構築に尽力している諸国と提携する意志を持っているならば、なおさらのことである、と。

国際主義者の仮説によれば、ヨーロッパとアジアで戦争が行われている現在、合衆国の平和を主張するアメリカ人は、真の意味での平和の唱道者ではない、という。国際主義者の見解では、そのような主張は平和に貢献しないという――彼らは、軍備と戦争に導く政策を追求する孤立主義者だ、というのだ。国際主義者の文献では、こうした平和の唱道者たちは、利己的かつ臆病で、不道徳な人間であり、単に「(他人の迷惑を顧みず)自分の安全だけを守る」ことのみを願い、自分たち自身が愚劣なためではなく、アメリカ国民の怠慢のために喘いでいる国々に対する合衆国の義務を認めようとしない人々として、しばしば描かれているのだ。それゆえに、恒久的な世界平和を提唱する人々と、アメリカ大陸の平和論者およびアメリカ外交政策の不変の手段として平和的手段を提唱する人々との間には、明らかに相容れない矛盾が生じるのである。

国際主義は、合衆国の外交政策であるのみならず、基本的な国内政策なのである。国際主義はまた、次のようにみなしている。産業と科学の発達は、この国が主として原材料の生産国や工業製品の輸入国であった時期に劣らず、その存在そのもののために必要な、ヨーロッパやアジアへの依存度を一段と深めさせた、と。一般的な主張として、国際主義は、外国貿易の量と比率が、国際的な合意、あるいは、いわゆる「貿易障壁の低下」によって増加しなければ、アメリカ経済は、高度な繁栄を享受することができないし、実際のところ、ある種の恒久的危機状態に置かれざるを得ない、と考えている。

この理論の下では、国内に豊富に存在する天然資源、機械、労働力を、可能な限り利用しても、国内の政策や行動では、アメリカ国民を貧困と失業の呪いから救済し、アメリカ文明の特徴を促進し、アメリカの生活水準を高いレベルに引き上げるというような根本的なことを、何ひとつ実現できないということになる。換言すれば、合衆国の危機は、国内的なものではなく、対外的なものであり、国際的な行動と諸外国とのある種の協力によってのみ、克服することができる、あるいは実質的意味において、緩和することができる、というのだ。

このように、国際主義は、世界史の解釈、恒久的な世界平和の可能性、世界のイメージをめぐって、違った見解を持っているということに加えて、基本的な国内政策をめぐっても、相容れない異論を持っているのだ。つまり、国際主義は、国内政策としての、そして平和的な外交政策としての、大陸主義を、完全に否定している。これは驚くべき状況である。そのことを解明するために、国際主義が、合衆国において、大人気を博するに至った経緯を検証しなければならない。

平和運動の急激な発展と衰退

十九世紀が終わって二十世紀の幕が開けると、大昔からの平和の願いは、突然、諸国家間の紛争を〝解決する〟手段としての戦争に反対し、そうした紛争を、平和的手段によって、調整しようとする強力な運動となって、開花した。恒久的世界平和の概念は決して、新しいものではなかった。三百年以上もの間、多くの扇動者たちは、戦争を痛烈に非難してきた。シュリー、ウィリアム・ペン、サン・ピエール神父、イマヌエル・カント[2]は、戦争で荒廃し、戦争に絶えず悩まされたヨーロッパに平和をもたらす計画を、かなり以前より策定していた。早くも、一八一五年には「世界最初の平和協会」と呼ばれた団体が、ニューヨーク市で設立されていた。その後、まもなく、似たような団体が、イギリスやヨーロッパ大陸でも組織された。地方の組織から国際平和会議が生まれたのだ。そうした会議は、一八四八年にブリュッセルで、一八四九年にパリで、一八五〇年にフランクフルトで、一八五一年にはロンドンで、それぞれ開催された。

十九世紀の中ごろ、ヨーロッパにおける戦争や合衆国での南北戦争に中断されながらも、平和主義者たちは、自らの努力を新たにしたが、平和協会の活動は、ヴィクトリア時代[3]が終わるころまでに下火になってしまった。彼らの集会や出版物は、世間の大きな関心を喚起しなかった。名前だけですぐに〝ニュース〟なるような著名人で、小さな〝過激論者〟と広く認識されている人々と親しくするような人は、あまり多くはいなかった。

ロシア皇帝が一八九九年、ハーグで、諸国家による大国際会議[4]を召集して初めて、世界的な関心が平和主義者の訴えに集まった。ロシア皇帝の動機は、今日、われわれが知っているように、控えめに言っても、いささか不純であった。だが、新聞も、政府も、高貴な方の肝煎りで召集された世界的な会議を無視することはできなかった。会議の結果は、純粋な平和主義者にとって、失望以上のものであったけれども、次第に衰えつつあった「平和運動」にも、新聞や公開討論会の場で、一般向けのキャンペーンが行われたことで、力強い刺激が与えられたのである。

二十世紀の開幕とともに、平和的な世界秩序を建設するための計画が開花するに至った。一九〇七年、ハーグでの第二回万国平和会議は、再び、ロシア皇帝によって召集され、その結果には第一回よりもさらにがっかりさせられたけれども、世界平和という理念を、あらゆる国の新聞紙面に再び、注ぎ込んだ。かつて〝実際にそぐわないことを言う夢想家〟のグループとして世間から無視された人々も、強力な新メンバーの支援によって、高い地位に祭り上げられるようになった。アンドリュー・カーネギー(5)が、国際平和を促進する機関を設立するために一千万ドルを寄付した一九一〇年に、平和運動はさらに力を得た。この寄付に関して、アメリカの公人のなかでも、錚々たる人物の名前が連なっている。たとえば、エリフ・ルート、ジョージ・W・パーキンス、ジョセフ・H・チョート、クリーブランド・H・ドッジ、ジョン・シャープ・ウィリアムズ、ニコラス・M・バトラー、アンドリュー・D・ホワイト(6)である。

軍資金が今や、戦争を根絶する戦争のために準備され、国際紛争を平和的に解決するための宣伝に対して、高い評価が与えられた。大会議が毎年、開催された。地方の協会が国の至る所で生まれた。大学学長、聖職者、大学教授、教師、社交クラブの女性、そして団体指導者たちが数多く、大運動の興奮の渦の中に引きずり込まれていった。自主的な運動員だけだったのが、今や、有給の運動員が補充されるようになった。カーネギー氏の立派な行為が、他の富豪たちを刺激し、運動への寄付を十分に行うよう促したため、旧協会の貧弱な財務状況も、支援金で豊かになった。広範な宣伝活動が行われ、その目的は達成された。エリフ・ルートが議長を務めた会合は、決まって、新聞で大きく扱われた。ニコラス・M・バトラーの演説は、首都の新聞各紙の寄稿欄を支配した。かつては小さなナイトクラブで行われたチンドン屋まがいの運動も、国民的な興奮を呼び覚まし、非常に冷笑的な政治家たちも、セオドア・ルーズベルトでさえも、無視できなくなったのである。

このように世界平和運動への関心が、異様なまでに発達したことに、多くの思想的傾向が間違いなく、貢献した。ほぼ三世紀の間、クェーカー教徒は一貫して、戦争を悪として反対してきた。国内および国際的なすべての紛争を、平和的に調停することを求めて努力してきたのである。大学の学長たち、聖職者たち、大学教授たちが読んだ経済学や社会学の作品は概して、文明の発展過程において、戦争の役割を無視するか、過小評価したものだった。(7) ユンカー階級や兵士たちは、そういうテーマの学術論文は書かなかったし、どのようなテーマであっても、とりわけ戦争と平和に関して、民間人が書いた作品については、注意を払わなかったのである。

ハーバート・スペンサー[8]——彼の作品である『社会学』は、合衆国で一部、出版のための費用がまかなわれ、広く読まれた——は、神託のごとき自信を持って、「社会の産業形態」はあらゆる点において「軍事的形態」に優っていると教え、前者は後者を追い上げつつある、と指摘した。平和的過程としての富の生産と配分に主として注意を注いでいる経済学者は、戦争を、一種の不可解な害悪——人々と政府の、いわゆる〝正常な〟行動を著しく阻害する害悪——とみなす傾向がある。そのうえ、社会学者、社会改革者、労働運動のリーダーたちの、「人々の生活条件を改善する」ために公共支出を増加させようとの運動は、巨大な軍備の〝無駄〟に注意を向けさせ、戦争準備とは正反対の平和の追求に関する考慮をますます増大させた。時代の知的雰囲気、特に、英語圏におけるそれは、国際紛争、少なくともいくつかの紛争を、平和的に解決するために、仲裁あるいは調停を適用すべきである、という理論を実施せよ、とはいわないまでも、その理論を、受け入れる機が熟していたのである。

実際の情勢は、様々な点において、平和運動の成長を助長した。イギリスでは、産業資本家が、軍部およびその攻撃的精神に、長年にわたって関わりのあった土地所有貴族に完全に勝利した。そして産業は、その意図や実践において、平和的である、と広く説明されていた。イギリスは、島国としての特性と海上権力としての海軍が明らかに優勢であったがゆえに、大陸型の巨大な徴兵軍隊を持っていなかったし、当時は必要とされなかった、と少なくとも、考えられていた。類似の条件が合衆国にも存在した。ここでも、陸軍は小規模であり、陸軍と関係のあった巨大な既得権益者もいなかった。海軍は、大きくなりつつあったが、士官や下士官は、外交政策を決定するうえで、圧倒的な役割を演じていなかったのである。

ヨーロッパ大陸では、産業が農業に追いつこうとしていた。英仏海峡からシベリアに至るまで、巨大な徴兵陸軍が軍事訓練をし、有事に備えていた。そして将校の出身階級である地主階級は、依然として、政府を運営、指導していく上で、支配的であり、あるいは少なくとも影響力があった、というのは確かなことである。しかし、当時、産業主義と商業が、〝好戦性〟と〝反動〟の、こうした諸勢力にまもなく、打ち勝つであろうとか、イギリスや合衆国において、非常に強かった市民の平和を希求する感情がいつの日か、凝り固まった軍国主義の残滓を克服するであろう、などと想像することは非現実的なことではなかった。アジアにおいて、産業が急速に発展している点から見て、日本と中国が、事の自然の成り行きで、産業と商業を平和的に追求することに熱心な国家の列に加わることになるであろう、と期待することも、根拠のないことではなかった。

ビジネスマンや工業労働者は、自分自身の争議についてはそうではないにしても、国際紛争の平和的解決を欲していた、と一般では信じられていた。産業と商業のモデルに基づいた文明のひとつの形態に、ついに近づきつつある広大な世界を夢みることが流行しつつあった。軍人に対する民間人の迅速な勝利を期待することが、世界的な潮流に合致しているように思われた。戦争を助長するような諸国間の文化的相違を除去し、完全に同じではないが類似しているところを統一しようという希望は、表面的に見られるように、その時代の傾向によって、正当化されるように思われたのである。

旧世界における平和の見通しが、どんなものであったにせよ、ヨーロッパの実際的な政治家たちは、必ずしも、合衆国における平和運動の急速な発展に冷淡なわけではなかった。その当時、彼らは、世界がこれまで目撃してきた中でも、最大級の殺戮と破壊にまもなく帰着することになった秘密交渉、秘密会談、秘密連携に熱狂して、携わっていたのである。〝勢力均衡〟がもたらす危機に備えて、彼らは、遠くかつ広範囲にわたって、あらゆる方向に目配りをしなければならなかった。

その当時、合衆国は、ヨーロッパで戦備を整えた隊列の一方の側に対して、あからさまであろうと、水面下であろうと、まったくといっていいほど何の働きかけもしない立場に立っていたようだ。しかし、来るべき嵐に際して、合衆国のように、豊かで、強力な国家が、どのような態度をとるかは、双方の陣営の、水面下で策謀をめぐらしている交渉者にとっては、確かに関心事であった。彼らの根本的な取り決めは、どこの国でも注意深く大衆から隠蔽されていたので、疑惑を招くことなく、彼らは、自分たちの魂胆に都合がいいように、アメリカが平和を唱道することを支持することができた。ハーグの平和会議で、アメリカの陸海軍の専門家たちが、自分たちと似たような考えを持っていることを知ってからは、特に、そうだった。その当時、ヨーロッパの外交当局で、何らかの確信を持って、近づきつつある大殺戮において、合衆国から財政および軍事的支援を期待したところは、間違いなく、なかった。しかし、合衆国の好意的な中立でさえも、このように絶望的な状態にあった政治家や軍人たちに軽視されたわけではなかった。事態が進展するにつれて、彼らの推測が正しかったことが証明されたのである。

ドイツ皇帝は、自身のやり方で、アメリカの平和的な世論の歓心を買うための特別な努力を公然と試みた。彼は、アメリカ平和運動の名士たちを迎え入れ、敬意を表した。彼は、交換教授をこれ見よがしに歓迎した。アメリカ代表の最初の講義が行われた際、皇帝は、その連続講義が開講されるに至ったことに、先頭を切って、喝采を送った。平和運動に積極的に関わってきた著名なドイツ系アメリカ人は、皇帝を訪問した後、「ヴィルヘルム二世は、恒久的平和の支持者である、という素直な意見」を表明した。一九一一年のある重要な会議に出席するため派遣された高名な牧師は、出発する前に皇帝と話をし、皇帝陛下は「国際平和運動に多大な関心を抱いている」とアメリカ人の聴衆たちに告げたのだった。

ヴィルヘルム二世と親交のあったアンドリュー・カーネギーは、「自分のドイツ帝国の友人は〝平和の君主〟であり、それとは反対の意見はどんなものであれ、皇帝の真の性格に対する無知に基づいている」述べた。ニューヨーク平和協会は一九一三年、皇帝の平和に対する関心とその意図に、深い感銘を受け、皇帝の戴冠二十五周年を祝して、美しいメダルを鋳造、賞賛の演説とともに、それを贈った。後年、明らかにされた事実が示しているように、ドイツ政府は、合衆国内における宣伝活動にかなり注意を払っていた。あるいは、婉曲的な言い方をするならば、ドイツ政府は、特に、大学を媒介して、合衆国との友好関係を培養することに注意を向けてきたのである。

おそらくほとんど同じような理由から、イギリスの統治階級も、アメリカの一般的な問題と同じ程度に、アメリカの平和運動にも強い関心を示した。十九世紀の終わり近くになって、イギリスは、アメリカの命運と政策について、思いも寄らないほどの関心を抱いていることを明らかにした。イギリスは、フィリピン地域において、アメリカ帝国主義者が出現したことを歓迎した。イギリスは、駐英米大使であるジョン・ヘイを、異常なほどの鄭重ぶりでもって、歓待した。

この新たな雰囲気は、非常に友好的であったので、当時、ロンドンにいたヘンリー・アダムズ(9)は、このいささか突発的な態度の変化に感動して、満足げに特筆した。彼が語ったところによると、彼は、一七五〇年以来の米英間のすべての衝突事件に思いを馳せたという。そして彼は、南北戦争中、駐英公使であった彼の父、チャールズ・フランシス・アダムズが、アメリカ共和国の崩壊を切望していた当時の英政府や与党トーリー党(10)から受けた侮辱的な扱いをあらためて思い出したという。

著書『教育論』〔正しくは "The Education of Henry Adams"(ヘンリー・アダムズの教育)〕のなかで、彼は、次のように述べている。「パーマストンやジョン・ラッセル[11]時代の雰囲気に依然として生きていたアダムズにとっては、恐怖すべき存在としてドイツが突然、出現し、アダムズ一家が二百年にわたって努力しつつも、結局、無駄に終わってしまったことを、わずか二十年で達成したことは——イギリスを恐怖させ、アメリカの腕の中に飛び込ませた——大ナポレオンが描いた筋書きと同じように、非常に芝居がかったものだったようだ」。この抱擁は、アダムズがどうやら予期したような結果にはならなかったが、いずれにせよ、以前の大英帝国の、ふたつの部分の間で友情の絆を強めることになった。イギリスの指導者たちは、両国間の百年にわたる平和を一九一五年に祝うために、盛大な「英米平和百年祭」を開催しようというアメリカ側の提案を早速、歓迎したのだった。

ヨーロッパの政治家や政治評論家によってなされたアメリカの平和運動についての論評が、マキャベリ流の権謀術数的な意図に基づいていた、とあえて断定するとすれば、それは、彼らの以後の行動によって証明された以上に、彼らに冷血的知性が備わっていたということに起因するものと考えられる。また、いかなる点においても、彼らの動機の誠実さに、異論を唱える必要もない。その点を、ここで申し述べたのは、合衆国の平和運動が、今世紀の初めにめざましい躍進を遂げたことと、国際主義が、両大陸の政治家たちの注意を引くに至った事情を明らかにするためである。

すべての平和論者が、大いなる栄誉の分け前にあずかったわけではなかった。彼らの多くは、平和運動の著名な後援者たちから〝風変わりな人々〟とみなされていた。ジョン・ヘイは、アンドリュー・カーネギーが正気を失っている、と思った。しかし、彼らが引き起こした騒動が、開催した会議が、促進させた議論が、名簿に書き入れられた要人たちの顔ぶれが、非常に印象的だったので、人類は、そのことに注意を払い、そして実際的政治家たちは、選挙の日に、彼らのご機嫌を多少ともとらなければならなかった。セオドア・ルーズベルトはひそかに「すべての、でたらめな平和主義者と甘やかされた男たちの一団」は危険であり、国家にとって恥辱である、とみなし、そしてひそかに戦争それ自体を善である、と賞賛していたけれども、大統領選挙キャンペーンを行っているときには、平和運動に対して、公然と敬意を表さなければならなかった。

ウィルソン大統領の世界平和構想

彼ら平和論者が引き起こした騒ぎは、大きかったとはいえ、平和運動に関係した知識人、宣伝者、扇動者たちは、戦争の「原因」の分析、あるいは彼らが「大いなる災厄の元凶」と呼んだものを取り除こうとするプログラムについて決して意見が一致したわけではなかった。協会や計画が増殖していく一方で、忠実な支持者たちの間で、政治路線をめぐって論争が起こった。しかし、そうした混乱の中にあっても、ある特定の行動形式が、共通の大義を前進させるために決められたのだった。

最初の、もっとも愉快な、そして実際的な政治家にとって、もっとも厄介が少なかったのは、諸国家間で、知的かつ文化的交換を促進することであった。それぞれ異なる各国の国民が、知り合えば知り合うほど、そうした人々の政府間の関係も、ますます良くなるであろうという仮説に基づいて、これが行われた。講師と生徒が交換された。大学教授や聖職者たちは、ポケットマネーに限界があり、したがって自分たちの生活も、狭いサークルに閉じこもっていたのだが、各国を、旅行するために海外に派遣され、善意のメッセージを伝え、諸国の指導者たちと友好的な関係を深めた。

新たに生まれた利害関係の線に沿って、国際法と外交の勉強が各種の研究機関において奨励された。外交についての旧式のコース――人間味のない冷淡で、学究的なものだった――は、国際関係に関するコースによって補われた。そこでは、世界平和と、それを促進するための手段が強調された。平和を回復するための書籍や、パンフレット、記事が執筆され、出版され、広く、普及した。それらにはしばしば平和基金からの助成金が与えられた。国際平和会議が組織され、旅行や広範囲の後援会を行う機会が提供された。大学の学長、教授、聖職者、婦人問題の指導者たちが、そのような特権を享受し、一般大衆からこれほど著しい尊敬を受けたことはかつてなかった。あたかも、そうした人々の有用性と卓越性が主役に躍り出る新たな時代が、重大な問題の領域で始まったかのようだった。そして彼らはその機会をフルに活用したのだった。

宣伝に政治的効果を与えようとする計画は数多くあった。そのなかでもっとも穏やかなものは、自分たちの「名誉」や「死活的利益」に影響を及ぼさない紛争の調停に加盟各国を拘束する条約を結ぶ計画だった。この考えは、一見すると素晴らしいものに思えるが、その効果は、それに付した必要条件によって、台無しにされてしまった。平和論者は話をもう一歩を先に進めて、その性格上、「裁判にかけられるべき」すべての紛争を調停にかけることを加盟各国に義務づける条約を要求したのだった——「名誉」とか「死活的利益」よりはこちらの方がいくらか明確なものだった。その進歩性においてもっとも画期的だった提案は、すべての紛争を、その紛争の性質がどんなものであろうとも、折に触れて、国内問題に対する留保条件を付し、調停によって解決することを義務づけるものだった。

そのような計画を先に進め、実施しようとするにあたって、多くの困難に遭遇した、あるいは自分たちの計画の見通しに満足できなかった平和論者たちは、より印象的で素晴らしい案を探し求めた。多くのことが調査研究された後、彼らは、平和を強要する諸国家からなる連盟以外に、戦争の暗い影を根絶できるものはない、との結論に達した。しかしながら、この確信に達するまでに、第一次世界大戦が、猛威を振い始めていた。平和強制連盟[12]の第一回年次総会がワシントンで開催された一年後には、合衆国自体がドイツと戦争状態に入っていた。まさにこんな時期に、世界平和を達成するための一大計画が広く議論されていたのだ。

第一次世界大戦への合衆国の参戦は、アメリカの平和運動に危機を招来した。アメリカを戦争から遠ざけようと努力したジェーン・アダムズやデービッド・スター・ジョーダン[13]のような平和論者たちは、群衆に怒鳴られ、密偵に追い回された。ヨーロッパの国家システムとの恒久的結合に身を委ねていた国際主義者たちは「戦争を終わらせるための戦争」に打ち込み、中欧同盟国に対する軍事的勝利を達成した後、世界問題の、遠大かつ最終的な解決のための準備を進めていた。平和の名の下に戦争を行うことは、新奇な冒険であり、平和的手段でもって平和を達成しようと唱道することと同様に、大陸主義に激しいショックを引き起こした。

戦争の混乱が続いている間、ウィルソン[14]大統領は、次第に、世界の恒久平和を目指す広範な政策スキームを練り上げていった。一九一七年二月の戦時教書ではその計画についてまったく触れていなかった。当時の声明は、積極的というよりも、消極的であった。彼は、すべての帝国主義者の目的を、次のように否認した。「われわれは、征服を望まないし、領土も欲しない。われわれは、われわれ自身のために賠償を求めないし、われわれは、われわれ自身が自由意志に基づいて払った犠牲に対して、物資的代償を求めない」。彼は「世界は民主主義のために安全にされなければならない」と表明したけれども、その目的を達成するための手段を述べることについては差し控えた。しかし、戦争が進展するにつれて、ロシアでの急進的革命や、合衆国とともに戦っている諸国において労働争議が増大したため、ウィルソン大統領は次から次と行った演説で、彼が抱いていた大政策のなかの、ある特定の要素を表明した。最終的には一九一八年一月八日、特にロシア危機に言及した後、連邦議会に提示した十四か条[15]の中で、大政策の要点を要約したのだった。

窮地に陥りながらも戦っていたアメリカの同盟国は、合衆国の名の下において大統領によって公表された国際主義のドクトリンを――留保条件をつけていたにしても――承認したのだった。国内においても、その計画はかなり熱狂的に歓迎された。国内の批判は、スパイ活動防止法と治安維持法によって徹底した抑制下に置かれていたので、アメリカ世論は、ほぼ同じ方向を向いていたようだった。

ウィルソン大統領の政策綱領は、ある意味で、合衆国における国際主義運動の頂点を示した。それにはいくつかの特徴が含まれていた。それらは、いずれも、それ以前の運動においては、極めて重要な特徴とは思えなかったものばかりだった。それは、多くの平和主義者たちがもっとも好んだ夢の範囲を越えたものだった。それは、いくつかの疑わしい問題を提起した。しかしながら、それは、この国の最高権威者によって提案され、明らかに許容される範囲内での、自由な世論に心から是認され、旧世界の強力な政府に公式に承認された、世界平和のための綱領であった。

国際主義運動の指導者たちは、自分たちの大いなる希望を表現したこの綱領を、彼らが長い間、そして熱烈に求めてきた恒久的統合の到来を告げる日として歓迎したとしても、それほど不思議ではなかった。身分の卑しい男たちや女たちが、かつて心の中で温めていた平和は、偉大な人々の公然たる信条となった。運動の初期に抱かれた懐疑心は、今や、近づきつつある勝利の崇高な楽観主義の中に消え、見えなくなってしまったのである。

国際連盟の誕生と合衆国の加盟拒否

ウィルソン大統領の政策プログラムは、アメリカが採るべき政策としての国際主義が発展していくうえで、明確な一段階を表すものであったから、それが持つ、政治的かつ経済的な主たる特徴を、ここで想起することは適切なことである。大統領の政策プログラムは、平和を維持し、保証する世界的組織を含んでいた。つまり「国の大小を問わず、一様に政治的独立および領土保全の相互保障を与える目的をもって、特別な盟約の下に、諸国家の一般的連合が形成されなければならない」というのである。秘密外交や個別的国際合意は、廃止されるべきであり、公開外交が、それにとって代わるべきである。領土の再調整は、ヨーロッパにおいて、各国民の自治を促進することを視野に入れ、民族の線に沿って行われるべきである。軍備は「国内の安全確保を任せるに足る最低限のレベル」まで削減されるべきである。世界通商のための経路は、もっと自由につくられるべきである。すなわち「すべての経済障壁を、可能な限り除去すること、そして平和に同意し、それを維持することに賛同している諸国家間の貿易条件の平等化を確立すること」である。古いスタイルの帝国主義——独断的な侵略、征服、搾取——は抑制されるべきである。すなわち「関係（従属）諸民族の利害関係は、その資格があると認定されている政府の正当な主張と同等の比重を持っていなければならない」。後に定義されたように、これは、植民地が敗者から勝者に引き渡されるのではなく、人類の神聖な信託の下、国際連盟の委任統治領にされるべきである、ということを意味した。要するに、歴史的な不正は匡正され、各国は恒久的な基礎の上に置かれ、全体の平和は、全体によって保障されるべきである、というのである。普遍的かつ最終的な平和の夢が、これほどまでに実現に近づいた、と思われたことはかつてなかった。

ウィルソン大統領の政策プログラムによって、合衆国の古くからの外交政策——大陸主義と帝国主義——は、断固として捨て去られ、新しい国際主義が、それに取って代わることになった。ヨーロッパの諸問題に、積極的かつ継続的に関与することが、非介入主義に取って代わることになった。合衆国の平和を維持しようとする努力、ヨーロッパの紛争や戦争に関して中立を維持しようとする努力、そして戦闘地域を限定しようとする努力は放棄され、あらゆる場所の戦争を防止しようとする努力が、選択されたのだった。拡大する海軍力の庇護の下、政府の援助によって外国貿易を促進しようとする帝国主義は放棄され、全世界を通じて可能な限り、自由な貿易とあらゆる軍備を国内の必要性と海上警備行動のレベルまでに削減する政策に取って代わられたのだった。

中欧同盟国に対して戦争を行い、その戦争が終結した際に諸問題を解決しようとする、ウィルソン大統領の政策プログラムを容認することによって、アメリカの平和運動指導者たちの相当多数――おそらくはその過半――は、言葉の真の意味において、国際主義者となった。彼らは、自分たち自身と合衆国の外交政策を、戦争が行われている間はヨーロッパにおける特定の諸国に、そしてヴェルサイユでの和解後は諸国家間で繰り返される闘争に、それぞれ結びつけたのであった。彼らは、百年も前の神聖同盟[16]の唱道者のように、世界におけるある種の現状維持に専念したのである。

彼らが、現在の権力と領土の配分状態は完全なものではない、と認めたことは確かだが、その現状内の主要な利害関係諸国は、交渉という温和な過程を経ることによって、公正と正義の名の下において、現状の変更を許容されるであろうと、当然のように思った。彼らはまた、これらヨーロッパの主要国が、アメリカの国際主義者と同様に〝公平無私〟であると推測するとともに、権力が及ぶ範囲を変えることによって、金融、通商、政治上の特別な利益を収めようとして、他国の背後に回るような国はない、と思っていたのである。

実際のところ、国際主義者たちは、ヨーロッパの歴史的国家システムに革命を引き起こし、その〝新たなシステム〟に合衆国を恒久的に加入させようと考えた。あらゆるレトリックを取り除いてしまえば、ウィルソン大統領が着想し、提示した国際主義というものは、新秩序の主たる経済的支柱として、国際通商における自由放任主義に主として依拠するものであった。かくして様々な点において、国際主義は、合衆国にとっての大陸主義、すなわち西半球におけるアメリカの平和、そしてそれ以外の場所での平和的関係の維持を求める政策とは、完全に矛盾するものだったのである。

この政策は、革命的であり、そしてこの政策は、初期アメリカ平和運動の、すべての温和な計画の範囲を越えたものである、ということは否定できないのだ。この政策は、エリフ・ルート、ジョセフ・チョート、ウィリアム・H・タフト、ニコラス・マレー・バトラー、共和党の長年の指導者たちのような著名な平和擁護者たちが奉じていた以前のドクトリンとは、一線を画したものである。自由貿易と反帝国主義が進展する限り、この政策は、良き民主主義的ドクトリンであり、数の上では減りつつあったが、リチャード・コブデンとジョン・ブライトの教えを、依然として信奉しているイギリスの政治家たちに受け入れられるものだった。しかし、アメリカ人の投票者たちが、ウィルソン大統領の政策綱領に投票で判断を下す機会を初めて得たのは、その綱領がヴェルサイユでの和解で実際的な形式を与えられた後だったのだ。そしてこの綱領に対する嵐のような反対運動が巻き起こった。

ヴェルサイユにおける領土および経済問題の解決方法は、多くの点において、世界平和の理想主義者たちをがっかりさせた。ドイツ帝国政府が、ブレストリトフスクでロシアに課した過酷な講和条件[17]と比較すれば、それは穏やかなものであり、寛大であった。だが、控えめに言っても、それらは、ウィルソンの十四か条の大きな約束に反するものだった。一八一五年のウィーン会議でも起きたように、戦争と恐怖によって沈黙させられていた国家的警戒心が再び、燃えさかり、パリにおけるウィルソン大統領の仕事を、ほとんど超人的なものにしてしまった。彼が、数多くの実際的な問題で、パリの平和会議において、敗北したことは明白であり、疑いのないことであった。ウィルソン大統領と彼の同僚たちはそうした敗北を事実と認めていた。

それにしても、ウィルソン大統領は、「人類の議会」の機能を備えた国際連盟を創設することができた。彼は、こうして設けられた国際協力の機構を通じて、犯された不正行為は平和的交渉によって是正され、将来の紛争は平和的に解決され得ると信じ、大戦争の惨禍に胸を痛めていた地上の諸国民に、恒久的な平和が保証された、と確信していた。

このように高貴な理想が、要路に立つ政治家によって世界に示されたことは、人類史上いまだかつてなかったことである。しかし、これは、実行可能であったのだろうか。平和条約の重大な欠陥のほうが、連盟が示した将来に対する約束よりも勝っていたのだろうか。古い歴史は幕を閉じられ、人類は別の進路の上を歩み出したのだろうか。国際連盟に加盟しさえすれば、合衆国は、ヨーロッパ古来の苦難の炎を消し去り、また、条約に合理的な修正を施し、そして諸国家の生物的、経済的、心理的な変化の渦中に必ず生じる新たな紛争を解決するのに効果的な助力を与えることができたのだろうか。

大討論の長所がどんなものであれ、合衆国の新たな外交政策の批准は、結局、上院で、否決されてしまったのである。必要な三分の二の得票を得られなかったのだが、その理由の一部には、提案された留保条件を、ウィルソン大統領が受け入れることに不本意であった、あるいは承認出来なかった、という事情にあることは間違いない。この敗北の責任の所在を割り当てるうえで、歴史的な事実を尊重する限り、大統領自身も、責任の一端を負わなければならない。上院の過半数が批准に賛成したのは確かである。この過半数は、国民全体を代表する意思である。その一方で、反対派が勝利を得たのは、条約の批准には、三分の二の賛成が必要であるという憲法上の規定によっただけだ、という主張がなされたのも、確かである。

厳密な意味において、上院議員は、国民投票によって、外交政策上の革命を是認する権限を与えられていなかった。ウィルソン大統領の十四か条の綱領は、一九一八年一月に国民に提示されていた。その年の秋の選挙で、共和党が、議会の両院を制した。この野党の大勝利が新国際主義に対する意見の表明ではない、とみなされるべきであったとしても、国際連盟についての国民投票という性格を軸に展開していた一九二〇年の選挙によって下された審判は、非常に断定的なものであったから、その結果に挑戦する図太さを持つ人はほとんどいなかった。一九一九年にヴェルサイユ条約の批准に反対した上院の少数派は、国民の決意を、その成熟した形式において、力強く表明しているように思われた。いずれにしろ、彼らの行動は、幸運であろうと災いであろうと、一九二〇年選挙の圧倒的な投票とそれに続く出来事によって承認されたのだった。

孤立主義に対する国際主義の攻撃

一九二〇年とその後の選挙で、ウィルソン大統領が被った敗北は決定的だったけれども、アメリカ平和運動の指導者たちの相当の部分、いや明らかに大部分は、アメリカ外交政策に関するその綱領を支持し続け、宣伝も続けていた。カーネギーの平和機関は、一般的な外交政策についての多くの文書やスピーチを出版したけれども、そうした政策の主たる力点は、新しい国際主義についてであり、そして〝孤立主義〟についての批判であった——古来の大陸主義は、今では一般的にそのように呼ばれていた。外交政策協会[18]も同じように、国際主義の宣伝に貢献した。外交評議会[19]も同様であった。

著名な大学学長、教授、聖職者、知識階級などの有力者たちは、自分たちの名前を、舌を、ペンを、それぞれ国際主義の大義のために貸した。講演会やフォーラム、晩餐会や会議、婦人倶楽部やその他の協会、地方の協会のための研究プログラム、大学における教育コース、国際関係の研究プロジェクトはすべて、平和運動を、侵略と戦争に反対する集団行動の路線に、直線的に近づけることに貢献した。少数の平和組織は、分裂し、合衆国を、ヨーロッパとアジアの戦争に巻き込まないようにするための宣伝活動に力を集中したが、彼らのうち大部分は、侵略者を抑圧するためのある種の恒久的な諸国家間連盟、あるいは少なくとも何らかの形式による集団行動以外は、平和の力強い約束を果たせる、あるいは第一次世界大戦における連合国に対して恒久的な支援を行うという力強い約束を果たせるとは到底、考えられなかった。

〝孤立主義者〟の立場に対する一般的な攻撃において、積極的な攻撃路線が国際主義者によって考え出された。ほぼ切れ目なく維持されてきた批判のひとつの方向性は、アメリカの中立――大陸主義の平和的側面――を、犯罪ではないにしろ、人の道に外れている、と非難することだった。ニコラス・マレー・バトラーは、旧来の大陸主義の流儀で、ヨーロッパの紛争や戦争への不介入を主張している男女の額の上にカイン[20]の烙印を押した。バトラーにとって、こうした人々は、自分の弟アベルを殺しておきながら、平然と「我はわが弟の番人なるか」と嘆いた、あのカインに似た罪人であったのである。

クィンシー・ライト[21]は、一九二八年に刊行された『中立の将来』という小冊子の中で、中立政策の支持者たちを、追い剝ぎの擁護者、あるいは弁解者と比べた。「連盟において侵略的な戦争は、犯罪となった。攻撃者は誰であるかを決定する法律と手続きは、急速に発展しつつある。……そうした状況下において、中立は道徳的に可能なのであろうか。善良な市民であるならば、追い剝ぎと、その被害者あるいは警察官との闘争においてどちらの側にも与しないまったくの傍観者でいることができるだろうか。彼に、後者を積極的に支援すべき義務はないかもしれないが（おそらくは慣習法の下では義務はあるかもしれないけれども）、追い剝ぎに何らかの支援を与えるのは、慎重に避けなければならないのは確かである。彼が、交戦国となる運命はないとしても、彼は、法と秩序の擁護者に対しては少なくとも、えこひいきしなければならないのである。彼は、中立者であることはできないのだ」。ライト氏の見解において、中立と不干渉を標榜するアメリカ大陸主義は、不道徳であり、おそらくは犯罪の色を帯びていて、善良な市民の倫理とは相いれない立場なのであった。

国際主義者は、中立主義の主張を犯罪と不道徳に結びつけることだけでは満足しなかった。彼らは、中立主義政策の政治的かつ経済的な基盤はほとんど消滅した、と断言した。彼らは、合衆国が、ナポレオン戦争や最近の世界戦争に巻き込まれた一因は、通商の中立権に固執したことにある、と主張した。彼らはまた、合衆国は将来、いずれの長期戦争をも避けることはできないのだ、と宣言した。こうして、彼らは、必然性の理論を支持した。それはつまり、合衆国が、戦争を未然に防ぐために集団的行動という手段を支持しないならば、必然的に合衆国は、ヨーロッパの戦争に巻き込まれるであろうという理論なのである。

連邦議会は一九三五年、この種の論法を採用した。連邦議会は、交戦国に軍需品を輸出することを禁止すること、海外の戦闘地域において、アメリカの通商権を制限することによって、大陸の平和を確保しようとした。当時、国際主義者たちは、そのような中立法制は無駄である、と攻撃した。そして、彼らは、外国の戦争において、侵略者にペナルティを科す措置――こうした戦争において直接的に介入する措置――を主張した。彼らの理論によれば、中立法制によって合衆国の平和を維持しようとする努力は、初めから失敗であることが分かっており、不道徳性と犯罪性の色彩を帯びていて、無駄なことであった。誰が、犯罪的、不道徳的、無駄であることを欲するであろうか、というのである。

昔ながらの緊張関係がヨーロッパにおいて再び、始まり、国際連盟が崩壊しつつあることが明白になったとき、国際主義者は、この不幸な出来事の責任が、アメリカ国民に、全面的とはいわないが、その大部分がある、と主張した。ヨーロッパの紛争の複雑さに即した正確な説明をすることは、そう簡単にはいかないだろうけれども、そうした紛争の現実的性格を論究するならば、アメリカ人に欧州の平和の崩壊に責任があるという主張の根拠を薄弱なものにしたであろう。連盟が、連盟規約に従って、軍備を削減することに失敗した責任は、完全に、あるいは主として、合衆国側の怠慢、あるいは冷淡に帰すべきであろうか。この点は、都合良く、言いくるめられてしまった。そして責任は、アメリカ人にある、とされたのである。

ジョージ・ノーリン[22]は、一九三八年、大声を出して、こう叫んだ。「われわれは戦い、勝ち、そして逃げ去った。われわれは、自らの大望から生まれた子供である国際連盟を、ヨーロッパの玄関前の階段に置き去りにしたのだ。われわれは、自分たちの殻の中に潜り込み、消耗して、疲弊した、傷は未だに癒えず、ヒリヒリと痛み、血がしたたり落ち、深い恨みと憎しみとで引き裂かれた思いをしている大西洋のかなたの国々を、『自業自得。苦しむがいい』と強く非難したのだ。だから、われわれは、この世界を、民主主義のためにではなく、ギャングのために安全にしたのだ。……もし、われわれが、自ら進んで、連盟に参加して、イタリアが支援を得られないよう、禁輸措置を断行していたならば、われわれは、イタリアのエチオピア征服を阻止できたであろう。連盟が、日本の中国略奪を妨害しようと努力していたとき、われわれは再び、国連の力を骨抜きにしてしまったのだ」。ヨーロッパとアジアが激烈な紛争に苦悩していたということだけでは済まされなかった。アメリカ人は、自らが連盟に参加することを拒否し、あるいはそうした紛争を鎮圧するために公式の役割を演じることを拒否したのだから、アメリカも、また、犯人、とみなされなければならない、というのである。

孤立主義に加えられた第四の攻撃は、現代世界の客観的な関係が、この教義を時代遅れにしてしまった、という主張だった。ジョン・B・ホイットン[23]は、一九三三年、この議論を、地理、政治、経済財政、そして植民地の四項目にわたって要約した。物理的な孤立というのは、もはや存在しない、と彼は述べている。「相次ぐ発明、たとえば大西洋横断の航海術の発達、電信と電話、最近では飛行機とラジオが出現したおかげで、今日、ニューヨークとロンドンの距離が、かつてのパリとロンドンの距離よりも、近くなったように、両大陸間の距離は、ますます近くなったのである。今日、ジェファソン[24]がかつて述べたように、大自然が、慈悲深い心をもって、広大な大洋がヨーロッパをアメリカより引き離しているというのは、まさに馬鹿げたことなのだ」。大西洋はおそらく依然として、元の場所に存在するが、「それは、もはやわれわれをヨーロッパから引き離しているのではなく、われわれをヨーロッパに結びつけているのだ」。

物理的孤立とともに、政治的な差異は、ほとんど消え失せてしまった。「以前は、ふたつの大陸を区別していた政治的な差異は、かなり昔に跡形もなくなってしまった。以前は、ヨーロッパの政治システムは、アメリカのそれとは基本的に違っていた。……しかし、ヨーロッパは、民主主義になった。神聖同盟は、かなり昔になくなってしまったのである」。ロシア、イタリア、ハンガリー、バルカン諸国の政治体制は一九三三年、つまりホイットン氏の本が出版された年の政治体制は、確かに民主主義的ではなく、後に起こった出来事も、彼の主張を正確に裏付けはしなかったが、当時、民主主義はあったのだ。

ホイットン氏の説によると、経済および財政的孤立は、同様に〝不可能〟であった。アメリカ産業の発展と貿易の成長は「海外で、新たな市場を探し求めること、つまり必然的に、より活発な外交政策を伴う動きにつながった。……第一次世界大戦以来、ほぼ全世界の債権国となった合衆国――十五か国がこの国に百十億ドルの戦債を負っていた――は、孤立を装うことをできない、あるいは他の国々で起きていることに対して無関心でいるべきである、と主張することもできないのである。このことは、一九三一年、フーバー大統領(25)が、債務と賠償金についてモラトリアム(支払い猶予)の計画に着手したときに明白となった。こうした事実に直面して、孤立という言葉を口に出すこと自体が、かなりおかしなことなのである。アメリカのきわめて重大な経済利益が、危機に瀕しているのである。それらは、合衆国を、世界の国々と密接に結びつけていた。それゆえ、合衆国は、これまではヨーロッパ諸国のみによって討議されてきた政治的問題を、おそらく無視することはできないのである」。

ホイットン氏は、「植民地の拡大」に言及し、それは「絶対的な孤立」を不可能なものにしてしまった、と言明した。これまで〝絶対的な〟孤立を支持してきたアメリカの公人のなかで責任ある立場の人物の名前を直接挙げずに、ホイットン氏は、極東における帝国主義的冒険が、合衆国を権力政治の混乱に巻き込んだ、との考えや、合衆国は自ら進んでアジアで介入しておきながら、モンロー・ドクトリンの下、日本に対して西半球から撤退しろ、と警告したのは言行不一致のおかしな振る舞いである、との考えを明らかにしたのは、極めて当然のことであった。「好むと好まざるとにかかわらず、世界の強国となりつつある合衆国は、国際社会のすべてのメンバーにかかる負担を幾分か引き受けざるを得ないのだ」——これもまた、その通りだ。このようなわけで、ホイットン氏は「実際のところ、孤立主義の原則は、いやむしろ絶対的な孤立主義は、時勢を失ったあとも、生き延びてしまったのだ」と結論づけた。事実、彼は、次のような一文を付け加えても良かったはずだ。〝絶対的な〟孤立主義は、これまで時宜を得たことは一度もなかった。また、アメリカ革命が起きてから今日まで、合衆国政府は、それを認めたこともないし、実践したこともなかった、と。

大陸主義に対する国際主義者の第六の攻撃は、帝国主義者が一八九八年に行った主張である。それは、対外貿易は、アメリカ企業が繁栄していくための唯一でなくとも、主たる源泉である、という主張だ。一九二九年に深刻な経済危機が、この国を襲った後、国際主義を唱える人々は、その教訓を、自分たちが信奉する方向に生かすために、その恐怖すべき事態を利用したのだった。つまり、合衆国政府は、国内的措置だけでは失業、貧困、そして零落から国民を救い出すための実質的な仕事をなし得ないのだ、と。

ハリー・ギデオンズ[26]は一九三三年、この主張における権威者として、ウォルター・リップマン[27]の次の章句を引用した。「この呪わしい危機は、われわれが好むと好まざると、国際的なのである。それは、国際的銀行家たちも国際的危機であると考えている事実にもかかわらず、国際的なのである。ジョンソン上院議員、ハースト[28]氏といった人々すべてが、まったく反対のことを述べ、反対行動をとったにもかかわらず、これは国際的なのである。ある人が、イギリスを好んで、フランスを嫌い、またある人が、フランスを好んで、イギリスに不信感を抱いたとしても、それは国際的なのである。この意見に反対なすべての偏見、好み、願望にもかかわらず、それは国際的なのである。それが国際的でないかのごとく行動しようとする者は、まるで大火事を一杯のバケツの水で消そうとしているかのようである」。

　リップマン氏の修辞学的記述を、あたかもその価値を減じることのできない事実の論証であるかのように論じつつ、ギデオンズ氏は、彼にとっては証明済みである危機の簡単な説明を付け加えている。「われわれは、世界の物価水準が崩壊し、それが引き起こした結果を今、処理している。それが完全に制御され得るものとすれば、われわれは、国際的な行動によってのみ制御し得る問題を処理していることになる。国内の関税政策、国内のインフレーション対策、国内の農業補助金などの観点からみると、ほとんどの救済策は、この重要な事実を見過ごしているのだ」。その教訓は、国際会議が何らかの行動をとるまで、すなわち世界会議が、崩壊した国際的な物価水準を回復するまで、アメリカ国民は、危機で苦しまなければならない、ということにあるようだ。これこそが、もしできるとすれば、ロンドン世界経済会議がおそらく、やったことであろう。しかし、ギデオンズ氏の小冊子が、日の目を見た、まさにその年に、いくつかの理由から、ロンドン会議は何事もなし得ないで、終わってしまったのである。

国際主義者が勢力回復に奔走

国際主義者たちは、世界情勢と世界諸国についてこうした見解を抱き、そして経済学についてはこうした理論を持ち、明らかに自分たちの記述、声明、申し立て、論点は、事実に基づいていると信じていたが、彼らは、一九二〇年の痛烈な敗北[29]の後、合衆国政府を、自分たちの宣伝活動(あるいはそれを、彼らは科学と思っていたようだけれども)の集中砲火の下に置いたのだった。彼らは、あらゆる重要な機会を捉えて、政府が提案している行動を、国際協力あるいは集団的手段の方向に向けさせようとした。

国際主義者たちは、一般的に、合衆国の危機による失業、貧困、国民生活の零落は〝仮に、それを制御できるとしても〟、世界会議あるいは超政府によってのみ制御されるような国外の様々な力によるものである、と考えていた。それゆえに、国内危機に取り組んでいるルーズベルト政権の国内的な努力は、〝健全な国際主義者〟にとっては、役に立たない愚行——頑迷愚弄の証左——にすぎない、というわけであった。こうした理由から、彼ら国際主義者たちは、国内問題よりも国際問題に注意を払わなければならない、そしてアメリカ国民は、崩壊している物価水準を是正するために、市場を開放するために、食物の余剰品や自分たちのために、自分たちが消費するのに買えなかった食品や製造品の余剰品を売却できるようにするために、新たな世界経済会議が開催されるのを待たなければならない、と主張したのであった。かくして、国際主義者は故意に、国内の苦境から国民の注意をそらし、〝国際的〟と呼ばれる何ら地理的位置のない、あいまいな領域において、いくつかの巧妙な操作に国民のエネルギーを集中させようと努力してきたのだった。

国際主義についての広範な議論を余儀なくさせる機会が次々と起こるにつれて、国務省が年々、国際主義の問題に対処しようとするにつれて、同学派の平和運動家は、国民と政府を教え導こうとして、そうした機会を最大限に利用した。国際連盟を支持する運動はもはや、大きな興奮を呼び起こすこともなく、大群衆を魅了しなくなった。民主党が一九二四年の全国大会で、国際連盟を否定してからは、それが特に、著しくなった。しかし、国際関係の分野での異様な出来事は依然として、大ニュースとなったので、国際主義者たちは、自分たちのイデオロギーを示すため、あらゆる啓発の機会を利用していた。彼らは、大学の国際法、外交、国際関係の課目を完全に把握していたので、国際主義の信仰を吹き込まれた、多くの学生たちを年々、つくり出していた。外交に関する書物はしばしば、平和基金からの資金援助を受けていたので、一般に、国際主義の傾向を帯びていた。新聞、ラジオ、そして学問的研究は、世界救済の新たな教義のために道を開いたのだった。

この運動の反対者たちは、保護関税の利益や帝国主義の獲物を狙う貪欲な支持者たちと幅広くみなされているか、または海外旅行の恩恵を受けたことのない、あるいは合衆国の協力を熱心に求めてくる偉大なヨーロッパの政治家と会ったことのない、無知な田舎者とみなされていた。ソ連のために集団的安全保障を支持するよう、しばらくの間、教え込まれた共産主義のインテリゲンチャアが、国際主義の陣営に加わり、労働新聞の大部分を掌握したとき、平凡で、無教養な人々以外に、高級な知識の無謬性について、懐疑の念を抱いた者はいなかったようだ。実際のところ、勇敢な新世界は、運動と国際会議を通じて、国際主義者によっては生まれなかったし、今後も、生まれようがない、との考えに固執していたのは、孤立主義者の〝政治屋〟と他の〝無骨者〟だけだったようだ。

軍縮会議の開催――ワシントン会議からジュネーブ会議

世論の一部がかき立てられ、かなり興奮していたので、政治家たちは、外交問題で措置を施そうとするときはいつでも、用心しなければならなかった。あるいは、そのように興奮している領域では、何もしない、という傾向があった。それゆえに、〝平和〟の線に沿っているだけに過ぎない、大げさな言動がたまたま、〝大ニュース〟や〝優れた政治的な駆け引き〟となった。先の大戦にすっかりうんざりしてしまい、まもなく国民投票で先の大戦を誤りだった、と宣言するアメリカ国民の大多数は、たとえジュネーブの〝スーパー・ガバメント〟を手助けすることを望んでいなくても、平和を、強烈に欲していたのである。こういう状況下で、大統領も、国務長官も、そして国務省の小役人でさえも、〝平和〟と名のついたものは何であれ、賛成するのが、優れた政治的な駆け引き、と思うようになっていた。国務長官、あるいは彼の属僚たちのいずれかが、覚書を書かず、スピーチもせずに、おとなしく控えていては、自身が〝偉大な人物〟になったり、〝不朽の名声〟を勝ち取ったりするチャンスは、ほとんどなかった。名声を博し、高い評判を得て、人々から賞賛を受けるという最大の望みを達成するには、新聞が立ちどころに製造し得るような、ある種の国際的脚光を浴びることであった。そうした巧妙なトリックのもっとも良い事例は、カルヴィン・クーリッジ[30]をあっという間に英雄に祭り上げ、そのときまではどちらかというと無名な政治家であったフランク・ケロッグ[31]――〝レーム・ダック（再選に失敗した）〟のミネソタ州選出議員――を世界的な人物に持ち上げた、ケロッグ・ブリアン条約[32]によって示されている。

こうした知的雰囲気のなかで、国際主義者たちは、一九二〇年以降の外交問題において、すべての重要な出来事を利用した。一九二一年に開催されたワシントン会議[33]は、新時代の象徴として、平和運動を勢いよく前に押し出す進路上に一里塚を打ち立てたものとして、共和党が国際連盟を拒否したにもかかわらず、国際的な協力が進展していることを示す証左として歓呼して迎えられた。外見上は、〝孤立主義者〟ですら、避けられない出来事を前にして、頭を下げざるを得なかった。有名な平和主義者であるH・G・ウェルズ[34]とウィリアム・ジェニングス・ブライアン[35]が、この会議を報道するために招かれた。カーネギー国際平和基金理事長であるエリフ・ルートは、合衆国全権委員に指名された。報道によると、国務長官のチャールズ・E・ヒューズは、開会の辞で「全世界に固唾を呑ませた」という。数週間にわたって、楽屋裏で交渉を行った後、日本は、一時的に譲歩を余儀なくされ、会議で敗北した事実を隠蔽せざるを得なかった[36]。合衆国において、ほぼ普遍的かつ無差別な拍手喝采に包まれた会議からは、一連の条約が生まれたのだった。

ワシントン会議の閉会にあたって、ハーディング大統領は、会議の基調を示す次のような言葉を発した。「今日、ここに誓約された信念は、国家の名誉において、保持されたものだが、人類の進歩において、新しくて、より良い、画期的時代の始まりを印すものでありましょう。……これは、非常に素晴らしく、非常に喜ばしいものであり、われわれを力づけてくれる多くの約束に満ちているので、未だに静まらぬ世界の悲しみのつぶやきの上に……歓喜の調べが響いているのです。その調べは、われわれだけのものではありません。みなさんのものでも、われわれすべてのものでもありません。そう、全世界すべての人類の心の奥底から生まれ出た歓喜の響きなのであります」。ワシントン会議でなされた仕事の実際の成果は、厳密に言って、期待された通りのものではなかったが、その当時、あらゆる懐疑や不機嫌さを表明していた人々の声の調子は、国際紛争を集団的に解決する途上における新たな勝利、と歓迎する圧倒的多数の人々の喝采にかき消されてしまったのである。

国際連盟が、ヴェルサイユ条約によって期待された武器の削減を実現する計画を、ゆっくりと、いやむしろ非常にゆっくりとしたペースで押し進めている間に、クーリッジ大統領は一九二七年二月、国際主義者たちに、祝賀すべき新たな機会を提供した。大統領は、ジュネーブに、イギリス、日本、フランス、イタリアを招聘、ワシントン条約の戦艦削減プログラムではカバー仕切れなかった補助艦の削減を目的とした海軍会議[37]を開催した。イギリスと日本は、この提案を公式に受け入れた。一方、フランスとイタリアは、オブザーバー[38]を送ることに同意した。新聞や雑誌は再度、世界平和を促進するために指導力を発揮している大統領を賛辞する記事をたくさん掲載した。結局のところ、アメリカは、孤立主義を一掃し、恒久平和へと導く国際協力の路線の上に、しっかりとその足を踏ん張ったように見えたのだった。

ジュネーブ会議は、厳密に言えば、期待された通りの結果にはならなかった。イギリスの海軍軍人は、独自の案を持っていた。合衆国は、先のワシントン軍縮会議で、他国よりも艦船の犠牲を払っていた。今度は、イギリスの番であったが、イギリスは、融和の名の下でそうした犠牲を払おうとは思っていなかった。アメリカの造船業者の費用でまかなわれた反対運動によって、事態はますます簡単には進まないものとなった――W・B・シェアラー[39]のスキャンダルについてのその後の調査が示したように。しかし、一九二七年のジュネーブでの完全な失態も、国際主義者の情熱を冷え込ませなかった。同じ頃に行われていた国連軍縮交渉もまた、明らかに無益だったけれども、彼ら国際主義者たちは、さらに野心的な計画を持っていた。つまりそれは、世界の至る所で行われる戦争の追放（非合法化）――国策遂行手段としての戦争の否認――であった。

パリ不戦条約の締結と崩壊

世界平和を目指した、この特殊な運動の起源は、いささか曖昧である。しかし、国務省がこの戦争否認プログラムを取り上げざるを得なくなった過程において、三人の偉大な平和運動家――ひとり目は、カーネギー国際平和基金のもっとも活動的な理事のひとりであるジェームズ・T・ショットウェル。次に「大会社のリオーガナイザー〔組織再編に優れた人物程度の意味〕」として巨万の富」を築いた同基金のサルモン・O・レビンソン[40]。そして三人目が、同基金の主席顧問であるニコラス・マレー・バトラー――が重要な役割を演じたことはよく知られている。個人交渉や大規模な宣伝活動を創設することによって、この三人は主として、フランク・B・ケロッグ国務長官が戦争否認プロジェクトに賛同し、彼がその運動を推進していくようにするために、尽力したのだった。

多くの遅延と障害の後、一九二七年十二月二十八日、ケロッグ氏は、両国間の戦争を追放（非合法化）しようとするフランスの提案に回答した。どうやらフランスのアリスティード・ブリアン氏は、大いに失望したらしいのだが、ケロッグ氏は、この友好条約を拡大して、世界の他の大国も加えるべきだ、と提案したのである。ヨーロッパ大陸におけるフランスの政策に関連して、この提案は、米仏両国間の厳粛な条約として役に立つものではなかったが、いくらかの価値はあった。少なくともフランスにとって、それは、ワシントンに期待し得るもののすべてであった。

一九二八年二月、フランスと合衆国の代表は、仰々しく、仲裁条約に署名した。その間、映画撮影用の強力なライトが眩いほどに輝き、映画撮影機のウィーンという音が鳴り響いていた。そして多くの記者たちが、大量のメモをとっていた。調印式の後、フランスの詩人大使であるポール・クローデル[41]が立ち上がり、戦争の「追放」について敬意を表した。彼は、謎めかして、そして想像力豊かに、こう述べた。戦争の追放という言葉は「光栄ある過去に戒められているゆえに偉大な将来を持つ言葉のひとつである」。今や、徹底して、戦争の追放という思想に改宗し、条約締結によってもたらされた評判と名声を大いに楽しんだケロッグ氏は、平和条約の本文を、世界の主要な首都に駐在しているアメリカの外交団に打電、熱狂的な賞賛を受けた。それゆえ、もっとも頑なで、かつ冷笑的なヨーロッパ各国の大臣たちでさえ、アメリカの、この新しい十字軍に、注意を払わなければならなくなった。

　時代の英雄として、ケロッグ氏は、パリに向けて出発した。パリで、他の国々の代表が条約に署名することになっていた。一九一八年から一九年にかけて、ウッドロウ・ウィルソンにふりかかった栄光のいくばくかを、ケロッグ氏はパリで、ほんの一瞬ながら感じることができるほどの歓迎を受けた。ダブリンで開かれた実に素晴らしい歓迎会で、ダブリン市長のシェイマス・マーフィーは、アイルランド人を代表して、ケロッグ氏に次のように述べた。「世界の著名人の名簿には、勇気ある行為や英知ある行動によって、高い地位を得た多くの人々のお名前が掲載されています。しかし、あなたとともに平和の天使が人類に使えるために再び、やってきたのです。ヨーロッパにあなたが来られると同時に、第二の平和の時代——地上には平和、人類にとっては善意——と呼んでもいいものが、誕生するに至ったのです」。平和運動を有効な政治的駆け引きとみなしていた共和党大統領候補者、ハーバート・フーバーは、平和条約をめぐる国民的熱狂を最大限に利用して、その成果の栄誉は共和党が受けるべきである、と主張したが、ケロッグは非常に不満であった。

　ケロッグ条約には、それを実現させるための方策がまったく含まれておらず、敬虔な意向の表明に過ぎなかったので、合衆国上院は、国務省に対してお決まりの異議を申し立てることもなく、一九二九年一月にそれを批准した。カルヴィン・クーリッジ元大統領は再び、スポットライトと世の注目を浴びつつ、批准交換の大式典に参加した。この条約が完全に発効したことを宣言した際に、フーバー大統領は自信たっぷりにこう述べた。「私はあえて予言したい。戦争を否認するこの条約の影響力が、将来のすべての国際行動の大部分で、感知されるであろう」と。

それと同時に、フーバー大統領は、条約をいかに実施していくかについて言及した。かくして、彼は〝千丈の堤も蟻の一穴から〟[42]とのたとえを使って、条約の実効性について疑念と警告を発した。この条約についての上院の報告書と議論は、この威厳のある組織である上院の議員たちが神聖な誓約であるにもかかわらず、今後、起こりうる紛争や戦争において、この条約の下で合衆国が介入する義務を負っている、とはいささかも、認識していなかったことを示していた。しかし、当面は、これは取るに足りないことと思われた。ドイツ、イタリア、日本、ロシアを含む世界の列強各国は、国策を遂行する手段として戦争を放棄し、今後の紛争を、平和的な手段によって解決することを誓約したのだった。

ケロッグ条約の成立を喜んで人々が大騒ぎをしている間は、条約に付随している留保条件と制限[43]を見過ごしてしまうのは容易なことであった。イギリスは、実際のところ、かなり広範囲に及ぶ自らの特殊権益をこの条約の適用から排除したし、フランスは、東ヨーロッパにおける自らの義務に注意するよう呼びかけた。この偉大な戦争放棄の条約は、含みとしても、モンロー・ドクトリンの下における合衆国の権利、資格、特権には何ら影響を及ぼすものではなかった。〝防衛〟

のための戦争もまた、一般的な同意によって、依然として許容されていた。しかし、「一体、何の防衛か」という質問を執拗に問い掛けた人は誰もいなかったようである。

平和主義者たちから皮肉屋と非難されていた現実主義者は、喝采の声が次第に消え、外交官が去ってしまった後、ようやく、声が出るようになった。彼らは、公然と、そして誇らしげに、記録された誓約は無駄だと言わないでも、それに付随する制限について注意を促したのだった。しかし、彼らは、国際主義者の運動が新たな征服に向かって前進しつつある間は、孤立主義者あるいは単なる杞憂家として、捨て去られていた。ホワイトハウスで、ニカラグアにおけるアメリカ海兵隊の行動[44]は、偉大な「戦争の追放・非合法化」の範囲内にあるかどうかを問い質した新聞記者たちも、同じように片付けられてしまった。結局、こうした問題は、後年、日本が中国における自らの権益を擁護するために引き合いに出したことがあったけれども、ケロッグ・ブリアン条約によって熟慮された「偉大な政治」と比べて、どちらかというと取るに足りないものだった。

アメリカの国務長官が、満州(東清)鉄道[45]をめぐるロシアと中国間の紛争や、日本が中国に対して引き起こした戦争に介入しようとして、各国の外交官が署名した**ワシントン会議の門戸開放条約**[46]、ケロッグ条約、その他の「法的文書」を利用しようとした諸措置の痕跡をたどる必要はない。また、偉大な戦争放棄条約の後に続く時代の歴史を復唱する必要もない。

世界にとって不幸だったのは、ケロッグ条約が平和外交の武器としても、二、三の主要国の好戦的傾向に対する抑制策としても、頼りにならないことが証明されたことだった。日本は簡単にこの条約を無視した。特に、軍閥が東京の政府内の文民統制を転覆した後は、その傾向は顕著だった。[47]イギリスとフランスは、極めて目に余る性格を有している日本の侵略に対して、集団行動に訴えようとしたヘンリー・L・スティムソン[48]国務長官の努力を無視するかのように、ぞんざいに取り扱ったのだった。

後に、誓約の紙片を楯に、日本に対して全面的な圧力を加えようとしたルーズベルト政権の行動は、同じように、結果が何ら伴わなかった。ケロッグ条約が署名された後の十年間のドイツ、イタリア、ロシアの行動は、他の諸国は言うまでもなく、戦争放棄の理想を〝実践に移す〟のに必要な、さらに多くの経験を補強したのであった。実践を効果的なものにしようとする、また、適用と施行のあらゆるスキームにおける国務省の試みを支持しようとする、合衆国の国際主義者の広範かつ英雄的な努力があったにもかかわらず、世界平和への途上に立てるケロッグ条約の里程標は、粉々に砕け、苔むしてしまったのである。

国際主義、つかの間の勝利——次第に孤立主義が蔓延

しかしながら、これらの不幸な出来事は、ひとつとして、集団行動の道によって世界平和に達

しようと堅い決意をもって前進している国際主義者の鋭気を挫かなかった。彼ら国際主義者たちは、事件が起こるたびに、失望を覚えるとともに、自分たちに対する支援の声と慰めがあることを見出したのである。イギリス、日本、合衆国が、海軍の軍備制限を拡大しようとして、一九三〇年に開催したロンドン軍縮会議[49]の成功は、彼らに大歓声を挙げさせた。

ロンドン会議の結果を歓迎した国民の祝意は、前年のケロッグ条約に対するほどめざましいものではなかったが、その結果は国民を鼓舞した。フーバー大統領は、海軍軍縮条約に署名した際、国民の喜びの感情についてこう述べた。これは「数百万の男女の心の奥深くにある感情を、政府および国際関係のひとつの政治的事実の中に、言い表したものである。これは、猜疑心と軍備の競争という盲目的な力に対抗する、善意と忍耐強い交渉という道義的な力に、世界の信頼を再び、取り戻させるだろう」。

数年のうちに、これまで締結されたすべての海軍軍縮条約は、廃棄されることになっていた。合衆国が、日本が主張する海軍軍備平等原則をきっぱりと拒絶したことが、その原因のひとつだった。三年のうちに、合衆国は、数十億ドルの国債に、さらに数十億ドルを上積みして、無制限の軍艦建造プログラムに乗り出そうとしていた。しかし、一九三〇年には、そうしたことは国民の視界からは隠されていた。平和主義者たちが、ロンドン会議を、平和な世界へと導く、長い道程の新たな段階を示すものとみなしたのもやむを得なかったのである。

芳しくなかったのは、合衆国を、常設国際司法裁判所に加入させようとした様々な提案の運命だった。国際連盟への加盟が否決された後、この計画は、あの世界的組織の提唱者たちにとって、お気に入りの目標となった。多くの書物、パンフレット、公開の集会、会議、協議会、運動が、国際司法裁判所について、また、合衆国がこの法廷に加入することが望ましいという点について、アメリカ国民を教育するためにささげられた。国際連盟は、アメリカ人の臆病、反対、強情に対して、可能な限りの譲歩を行った。ハーディング、クーリッジ、フーバー、ルーズベルトの各大統領は、破壊的な留保条件によって制限された国際司法裁判所への参加案を是認していた。各大統領が国民を代表しているとするならば、当時、アメリカ国民は、その冒険に、思い切って進む準備ができていたことになる。

合衆国上院のみが頑固な姿勢をとり続けたようだ。一九三二年の大統領選挙で、民主党が勝利した後でさえ、上院は依然として、その計画に抵抗していた。合衆国政府が国際司法裁判所への加盟を許容する最後の条約は、一九二九年に調印され、フーバー大統領によって、推奨されたが、この条約は、一九三五年まで、上院外交委員会の議場で、眠ったままだった。その年の一月、ルーズベルト大統領が、行動するよう求めた。外交委員会は、この条約を、二対一の得票で可決し、上院本会議に送付した。国際主義者は、勝利を期待したが、結局のところ、彼らは再び、失望させられた。上院は、ウッドロウ・ウィルソン一派の議員に支配されていたけれども、偉大な扇動政治家、チャールズ・E・カフリン(50)の指導に基づく扇動や、ハースト系(51)新聞の批判の集中砲火によって攻撃され、上院は、条約を否決し、ケロッグ条約の傍らにそれを捨て置いてしまったのである。

ちょうど同じ時期に、何ら具体的な成果を挙げることなく、長引いていたジュネーブ軍縮会議(52)もまた、決裂してしまった。ルーズベルト大統領は、孤立主義者の中でも極端な主張をしている過激分子に対して、まるでやれるものならやってみろ、と言わんばかりに、思い切った軍備削減案を提案し、そして合衆国が、自らの意志で侵略行為が行われたと認定した場合、侵略者を支援するような行為を差し控える、と提言していた。子細に検討してみると、大統領のこの発言は、侵略者に対抗する集団行動――それはまさに国際主義者が長年、実現するために努力を重ねてきた方式――に参加するのを承認しているかのようにみえた。しかしながら、より綿密に考察してみると、大統領の発言は、協力の可能性には言及しているものの、合衆国はそれを決定するための十分な自由を保持している、ということを示していた。ルーズベルト大統領は、十分に明白であると思える自らの意志を、さらに完全に明確化するために、ジュネーブのアメリカ代表団に対して、合衆国は、ヨーロッパの政治連合と提携しつつあるという報道を、沈静化させる権限を与えた。これは、甚大なダメージをもたらした。国際主義者の希望はたちどころに粉砕されてしまった。ロシアは嫌悪感を表した。ドイツは国際連盟を脱退した。世界が、これまで目の当たりにしてきたなかでも、もっとも大きな軍備競争が進展する渦中にあって、大国は次なる戦争で連携するための策略に着手し始めたのだった。

国際主義者にとってさらに悪いことには、ナイ委員会[53]が行った軍需産業に関する調査の結果を知って、大いに驚いた合衆国議会が、〝侵略者〟にペナルティを与える、すべての計画を無視し、諸外国政府間を差別することを拒否するとともに、すべての交戦国に対して――〝善〟であろうと〝悪〟であろうと同じように――軍需品の輸出を禁止する規定を設けた〝中立〟法案を可決したことだった。ルーズベルト大統領はこの法案を嫌った。国務省も反対した。議会で表明されたように、国民感情は、圧倒的に、この中立法を支持していた。国際主義者は、自分たちの行路上で、足止めを食った形となった――しばらくの間は。

この期間の〝国際問題〟にアメリカが関与していくうえで影響のあった、合衆国政府の他の措置を、国際主義者はかなり注意深く、見守っていた。彼らは、フーバー大統領と議会が参加することで合意した、一九三三年ロンドン経済会議開催の発表を熱狂して迎えた。アメリカ代表団を含む専門家委員会によって準備された会議の議題には、若干の矛盾はあったものの、貿易障壁を低くすること、通貨価値の安定を図ること、国際通商を加速化させることといった、国際主義者が主張するあらゆる方式が提示されていた。コーデル・ハル国務長官[54]は、これらの方式を、決定的な情熱をもって、受け入れた。会議で、ハル国務長官は、不況を〝国際的な〟問題として扱わず、そして〝国際的な〟方法をとろうとしないで、国内措置に訴え、自分たちの国を不況から脱出させようとする〝ブーツ・ストラップ〟(55)方式をとろうとする〝ナショナリスト〟を非難した。国際主義者たちは再び、自分たちが時代の波頭の上に立ったような気がしたのだった。

しかし、彼らの勝利は短命だった。多くの理由のために——そのあるものは不明瞭だが、あるものはロンドンに代表団を送った各国政府の利害関係と同じくらいに明白であった——会議は将来有望な議題について前進しなかった。ついに、ルーズベルト大統領はメッセージを送り、交渉を突然、終わらせてしまった。メッセージで、大統領は「健全な国内経済」について強調した。それは、国際主義者がかねてから言っていたように、国際的な行動によって、おそらくは外交官や経済の専門家たちによる世界的な会議での国際的な行動によってしか、成し遂げられないものだった。

一九三七年と一九三九年に中立法が改正された際、国際主義者は、〝侵略者〟だけに輸出禁止を適用しようとする自分たちの計画を承認させようと必死に努力した。そうした試みは、いずれも失敗に終わったが、それは、かえって彼らの決意を強めただけだったようだ。一九三九年の秋、この上ない試練が訪れた。ケロッグ条約の調印国が、ヨーロッパで戦争を始めた後、国際主義者たちは再び、〝侵略者〟に対して輸出禁止を適用するよう求めた。これにも失敗した彼らは、軍需品輸出に対する制限条項を撤廃すること——ドイツに対してイギリスとフランスを支援するための行動であった——に賛意を示すことによって、英仏に対し自らの同情心を表した。この点において、確かに彼ら国際主義者は成功した。それが、地上に平和と善意をもたらすひとつのステップを意味しているとすれば、彼らにはそれを喜ぶ理由があったことになる。それゆえに現金払い自国船輸送制度以外の、一般的な輸出禁止を行うための義務規定において彼らが被った挫折でさえも、おそらく彼らの目には、英仏に対する軍需品販売が、彼らが長年、熱心に主張してきた大義に対してなした貢献に比べれば、さほど重要なことではない、と映ったようだ。

歴史の審判——国際主義は何をなし得たのか

帝国主義の場合のように、国際主義の希望と約束に対する現実としての歴史の審判は、どのようなものだったのだろうか。この政策の唱道者は、「世界秩序」について、国内問題を決定するにあたって自由かつ平等である国家について、「国際市場」について、安定した通貨について、繁栄の保証としての外国貿易に各国が主として依存していることについて、これまで繰り返して語ってきた。ヴェルサイユでの一九一九年の和解に適性を欠いたことを認めつつ、彼らは、過去の間違いの是正、新たな紛争の調整、新たな侵略者の抑圧について、国際連盟を頼った。ヴェルサイユ条約の条件によって、兵器削減プログラムが義務づけられ、連盟に加盟する各国は、義務の履行に取りかかることが期待された。合衆国は、対外融資に続いて、商品の大きな流れを世界に注いできた。そしてこのように形成された新たな経済関係が、適切な外交および政治的連携を生み出すものと思われた。そのようなことが、少なくとも、国際主義者のイメージの中に描かれた物事のありさまであった。

第一次世界大戦が終結してから二十年後の一九三九年に、さて、情勢はどうなったか。この二十年間の政治的な出来事を復唱することは憂鬱な仕事であろう。それらの概要を述べるだけでも、不快な感情を引き起こすかもしれない。実際、バランスシート上の主たる項目は、非常に明瞭なので、要約は必要がない。一方の欄には、ヨーロッパと南アメリカでの小紛争を解決した国際連盟の行動が記載されている。もう一方の欄には、相次いだ大敗北──たとえば、国際連盟主催による軍縮会議に失敗したこと、満州に対する日本の侵略を阻止するための努力が水泡に帰したこと、ドイツの賠償問題が瓦解したこと、イタリアによる征服に対してエチオピアを守ろうとする試みが失敗したこと、スペイン内戦で外国の介入を阻止するための計画が馬鹿げた結末を迎えたこと、オーストリア、チェコスロバキア、ポーランドにおける大戦後の解決策をヒトラーが破壊したこと、そして最後に、一九三九年秋、全面戦争が再び、起こったこと──が記載されている。一九一九年の時点において、国際主義者のイデオロギーでは考えも及ばなかった、ほとんどすべての害悪がこの二十年間に起こったのである。[56]

つまり、この思想体系は、人間および国家の性格や性癖についての誤った考えに基づいているように思われる。あるいは、この説明が当たっていないとするならば、国際主義者たちは、自らが堅持してきた目標への正確な〝アプローチ〟をとらなかったように思われる。世界について、彼らが抱いているイメージは、世界の現実に対して、十分に厳密なものではなかった。あるいは彼らの手法は、技術面において、不完全だったのである。彼ら国際主義者たちは――一部の者は実際にそうしたのだが――自らの敗北を、人間や国家のせいにすることができた。しかし、これでは、それまでの彼らの約束や行動が、誤った計算に基づいていた、と懺悔しているようなものだ。いずれにしろ、世界で最大の贖罪の山羊としてのアメリカにすべての責任を負わせるべきではないとするならば、歴史が下す審判は同じことである。

実のところ、一九一九年から三九年までの「世界秩序」は、特定の時期や場所において、いかに印象的であろうとも、国内的であろうと国際的であろうと、地上の文明社会のほぼすべての場所で、また、そんなに文明化されていない場所においてさえも、膨大な数の混乱によって特徴づけられていた。社会的な不安や戦争という特定の事件を、それらに関係する一般的な会議を催すことによって、追い払おうとする努力は効果的ではなかったようである。一九三三年[57]がそうであったように、一般的な危機を乗り越えようとする努力は、それ以上に効果のないことも、証明された。もし、国際主義者が積極的に主張したように、その年（一九三三年）の経済的災難が、その性格において、国際的なものであり、ある種の国際行動によってのみ、克服することができたとしても、世界の政治家は、困窮した人々と同様に、(国際主義者が主張したような) ことを信じなかったか、あるいは諸問題に対処するにあたって、そうした解釈に基づいて行動しなかった、ということなのである。賢明にも、あるいは愚かにも、各国の代表団は、国際主義者の仮説に基づいてロンドンで開催された世界経済会議から、逃げ去った。そして各国政府は、自分たちにかかわる経済的災難に対して、国内的な手段によって、攻撃したのだった。彼らが母国でやったことは完全には成功しなかったが、たとえテムズ河畔で、二十個の条約に署名し、調印したとしても、彼らがより良い策を講じた、あるいは講じることができた、という保証はまったくなかったのである。

経済的な観点から考えて、国際主義が何らかの積極的な内容をもっているとすれば、コブデン・ブライトの、国内における「自由産業」と、商品の自由な国際的交換という概念に基づいていた。一八六〇年から一九一四年にかけて、世界にはその方向に沿った、ある程度の一時的な傾向があったけれども、その概念は、控えめに言っても、実際面において〝不完全に〟しか実現されなかった。一九一四年以降、実践の程度は、さらに不完全なものとなった。

実際のところ、大勢はそれと反対の方向にあった。国内での自由放任主義の代わりに、国内経済のより厳格な再編成が行われた。ロシア、ドイツ、イタリア、日本では、この国内経済の再編成は行われたとしても、小規模であり、革命的なものではなかった。フランス、イギリス、ベルギー、スペイン、スカンジナビア諸国、南アメリカ諸国では、それが様々な形態と、様々な強度で行われた。各種の規則、条例、布告などで、きしむほど一杯になっている法律書は、〝自由な〟経済体制に対する反動の法的側面を明らかにした。官僚政治、統制、補助金、奨励金、管理された通貨、公共支出は、そうした実情を示していた。幸か、不幸か、賢いか、そうじゃないかはともかくとして、「世界秩序」を構成している数か国の国内経済は、国際主義者たちの希望、理念、確信に基づいたスタイルによる国際関係の再調整に対して、ますます大きな障害物になっていることを示していた。

外国貿易に関する数か国の政策は、国際主義者が唯一でないとしても、参加国の繁栄を至高の望みとしていた国際的な交換の自由と対立するものであった。諸国家間の通商において国際的な自由放任主義を採用する代わりに、各国政府は、高い関税率を法律で規定し、輸出入の割当制を考案、奨励金を認め、補助金を支払い、ダンピングを促進し、為替や裁定取引についての統制強化に腐心し、大規模に輸出入の操作に訴え、友好国とライバル国との間で、バーター制(58)による取引を行った。

合衆国は長い間、こうした手段のいくつかを実施してきたが、ヨーロッパの各国政府も、外国貿易の操作において、合衆国以上ではないにしても、同じくらいに頑固であり、巧妙であることが実証された。国際貿易のゲームに加わっている弱小国家に対して、世界のどこにおいても、注目されるような慈悲が示されたことはなかった。民間の投資家が外国への融資で債務不履行による手ひどいダメージを受けてから、合衆国政府でさえ、合衆国輸出入銀行[59]を通じて金融面での操作に乗り出した。一九一四年には、すべての大国が金本位制[60]を採用していたのに対して、一九三九年になると、いずれの大国も、採用していなかったし、金本位制に復帰しようとする兆候すらなかった。ほぼ全世界的な、そしてあきらかに高まりつつある金融上の逼迫に直面して、互恵貿易におけるアメリカの実験は賞賛に値するものだったけれども、国際経済慣行の根本的な改造に関するかぎり、つむじ風が吹き荒れる中の羽毛にすぎなかった。

結局、国際主義に対する、時の審判は深刻であった。政治的にしろ、経済的にしろ、強力な利害関係者の大勢は、それと反対方向を向いていた。綿花栽培業者、たばこ栽培業者、小麦生産者、海運業者、国際金融に従事する銀行家、海外取引を行っている通商業者は重要な地位を占めていたけれども、彼らは潮流を一変させるだけの勢力もなかったし、金もなかったし、力もなかった。仮に、自分たちがそうしたいと思っていたとしても、である。帝国主義者と違って、国際主義者は、陸海軍の官僚機構や、造船業界と密接な利害関係にある陸海軍の軍需関係者の、普遍的かつ情緒的支持を得ていなかった。国際主義者はしばしば、自分たちのイデオロギーを信奉する空想家にすぎなかった。つまり、彼らは、世界秩序のために働く、と主張するだけだったし、国内的および国際的な自由放任主義——政治家たちが決してそれを彼らに実行させることを許さなかった——による金銭的利益を約束するだけにすぎなかった。そうした情勢下にあって、彼らが勝利する見通しは、決して有望ではなかった。彼らは、自分たちの進路に投ぜられた障害を、政治家の狂気、反対派の不道徳、〝国家主義者の精神錯乱〟のせいにすることができたし、一部の人たちはそうしたのだった。しかし、彼らの大義にとって、こうした非難は、かき乱された自分たちの感情を和らげることはあったものの、実際的な意味も、結果も、もたらさなかった。彼ら国際主義者のイデオロギー、平和問題へのアプローチ、それを行う方法は、四十年にわたって苦心の跡がくっきりとうかがえる努力がなされ、様々な出来事の試練を経て、帝国主義者の約束と夢がそうであったように、やはり、効果のないものであったように思われるのだ。

第5章

アメリカの大陸主義の粘り強さ

歴史的遺産の結果として、アメリカの外交政策は相反する要素――すなわち大陸主義、帝国主義、そして国際主義――が、ゆるく、混ざり合ったものとなった。この三つの綱領はいずれも、多かれ少なかれ、特殊な利害関係者や知識階級の一部に支持された。世界情勢のあらゆる危機に際して、外国での出来事について火を噴くような論争が合衆国内で連続して起こったように、各学派は、宣伝や通信機関をいろいろと利用して、アメリカ人の心を捉え、政策の方向性を支配しようと画策した。世論の投票において、教義の風は、時に方向を変えたり、ねじ曲がったりした。

それにもかかわらず、公式の選挙や議会内の論争の中で繰り返し行われたテストにおいて、そうした世論の主体は、首尾一貫して、大陸主義を支持している事実が見出された。合衆国を、大陸主義の重心から揺り動かして、帝国主義や国際主義の方へと向かわせようとした政治家たちは、一時的に勝利を得たことがあっても、完全に成功したことは一度もなかった。そうした政治家たちの努力に対して、全体としての国民は常に、強力な抵抗を示し、風変わりな行動を見せても、その後に、国民は、バランスを取り戻し、地理的基盤に回帰する力強い傾向を示してきた。

共和党は、一八九六年以降の選挙において、帝国主義的な政策について、国民から明確な付託を受けたことはなかった。それぞれの選挙において、主要な国内問題が常に、争点となって、投票の結果を分かりにくくしたからだ。一九二〇年の勝利でさえも――たとえそれが国際連盟の拒否を意味するとみなされるにしても――マハン・ルーズベルト・ロッジ流の帝国主義的政策を回復する権限を付与したものではなかった。チャールズ・E・ヒューズ[1]の冷徹な現実主義と、ハーバート・フーバーによる希望に満ちた対外借款促進の下、連邦政府の諸機関がもう一度、合衆国製品と資本のはけ口を、外国に見出そうとしたのは確かである。しかし、一九二九年の爆発[2]は、しばしば更新されてきた古い約束に固有の、実現性のなさから生じる徒労感を、啞然とするほどに、証明したのであった。

長年にわたって熱心な研究が行われた後、アメリカ資本主義が発展していくフロンティア（境界線）は、実際のところ、ヨーロッパやアジア、アフリカに存在するようには思われなかった。一九二九年以降、矢継ぎ早に、債務不履行、債務の支払い拒絶、没収が起こった時、アメリカ海軍が、債務不履行国に対して、借金の支払いを強要するために、あるいは追加的な投資を行うための新たな植民地や保護領を見つけるために、派遣されることはなかった。それとは反対に、合衆国上院委員会は、大銀行家たちを委員会に招集して、どうしてこうした惨事が起きたのか、を問いただした。そして議会は、ジョンソン法[3]によって、合衆国への金銭的義務を怠った外国政府に対して、合衆国内で外債を発行することを禁じた。

議会は、極東におけるアメリカ貿易を後押しするための基地として再び、フィリピンに注目する代わりに、共和党議員の全体的支援を得て、かつて、企業にとっての〝エルドラド[4]〟と考えられていた、フィリピンに対して、条件付きの独立を認めた。フーバー大統領が、海軍の官僚機構や数多くの特殊な利害関係者の支持を得て、その法案に拒否権[5]を行使した際、議会は、必要多数でもって、その法案を再び、通過させ、強力な反対があったにもかかわらず、これを法律とした。フィリピン人は、その申し出を与えられた形式においては受諾しなかったが、議会は、あくまで自らの決意を守り、一九四四年までにフィリピンの独立[6]を保証する適切な修正を行った。

ベバリッジ[7]のような帝国主義者が、一九三四年の上院議場に新たに現れて、植民地の発展は、当時、アメリカ史上、未曾有の規模になっていたアメリカ製品の〝余剰品〟に対して無限のはけ口を与える約束の地をもたらすものである、と国民に吹き込んでいたとしたならば、シェアクロッパー[8]や農場の使用人、さらに大都会の路上で群れている男女の失業者でさえも、そんなニュースを見聞きしたら、大笑いしたであろう。そのような帝国主義綱領の中心をなす特徴は、完全に死滅し、復活する望みもなくなってしまった。この綱領に対しては、最初から抵抗があった。一九三三年までに、この国の実情――ある程度、この綱領の結果であった――は、危機から抜け出す手段として再び、この政策に頼ることを、この政策が役に立たなかったことと同じ程度に、ばかげたものにしてしまった。

合衆国を、旧来の軌道から脱線させて、ヨーロッパとアジアにおいて競っている諸国家と半永久的に結びつけようとする、ウィルソン大統領の政策綱領に対する大陸全体に広がる抵抗は、第一次世界大戦の残響が消えいく前に、すでに現れていた。この国際主義の提唱者は、アメリカ人に対して、自らが誓約した言葉を守らず、国家の名誉を汚したと非難した。しかし、実際のところ、国民は、そうした大義を誓約したこともなかったし、そのような大義に、国の名誉をかけて誓ったこともなかった。選挙で正式に意見を聞かれたときにも、彼らは、ウィルソン大統領に、ヨーロッパの戦争に参加し、世界のあらゆる場所で平和を強制する計画に合衆国を関係させるとともに、国際関係を処理する目的で、半永久的な国家連合に合衆国を結びつけるような権限を、決して与えなかったのである。

そのうえ、合衆国大統領は、憲法の下、限定的権限を持ったひとりの官吏であり、外交問題に関する重要政策の提案は、上院あるいは議会において正式に批准されたときにのみ、効力のある法律となるということは、世界のすべての外交当局において、正当に認められた常識の問題であった。教書や演説で表明されたウィルソン大統領の高尚な思想に拍手喝采を送ったヨーロッパの群衆は、憲法下における大統領の限定的権限を、理解していなかったかもしれないというのは確かである。しかし、この不幸な出来事があるがゆえに、アメリカ国民は非難されるべきではない。選挙における行動によって、アメリカ国民は、アメリカの新外交政策についてのウィルソンの計画に対して、極めて明確かつ力強く、自分たちの審判を下していたのだから、見聞の広い外国の識者がそうしたことを思い出せなかったり、誤解したりすることはなかったはずである。

国際主義に対する大陸主義の抵抗――「喝采」は憲法上の承認ではない

第一に、記憶されるべきことは、国際主義的な目標を達成するということは言うまでもなく、どんな目的があったとしても、ヨーロッパの戦争に加わるという問題は、議会が一九一七年四月にドイツへの宣誓布告案を議決したとき、いかなる選挙においても、重要な問題としてとり上げられていなかった、ということである。ウィルソン大統領は、前年の選挙戦において、合衆国を参戦させる決意について何らの暗示も与えなかった。いわんや、国民に対して、国際連盟を組織するとか、アメリカの軍事的、道義的な力を利用して、世界平和を確立させるといった計画などはなおさらのことであった。この選挙戦における民主党の偉大なスローガンが「彼は戦争を回避してくれた」というものであったことを、過度に強調する必要はあるまい。その中に暗黙のうちに含まれていた約束は、まったく別として、歴史的な事実に基づいて、一九一六年の選挙は、宣戦布告について、あるいはウィルソン大統領が選挙後、諸国家連盟に対する合衆国の継続的な協力を提案したさまざまな演説について承認を与えたなどと主張することは、誰もできないはずである。恒久平和や民主主義の安全性についての大統領の意見が戦争中、多くの人々に熱烈な喝采を受けたのはまぎれもない事実だが、喝采は決して憲法上の承認でもないし、国民の約束でもないのだ。

その後の選挙でも、こうした意見は、一般国民の承認スタンプを一度も公式に受けたことはなかった。世界戦争がまだ、荒れ狂っている間、ウィルソン大統領が自らの政策を支えるために、民主党支配の議会実現を求めたとき、国民は、それを拒否した。一九一八年十一月五日、両院ともに共和党の絶対多数に回帰したのである。明らかに、国民は、ウィルソン大統領が要求した戦争においては団結したけれども、彼の国際主義の政策綱領を容認しなかった。二年後、総選挙で国際連盟に加盟すべきである、との民主党の提案が争点となった。それは、有権者によって公式に承認されるはずであったが、彼らは、地滑り的大多数でもって、民主党候補者を拒否、政権を共和党の手に渡したのであった。[9]それ以来、民主党は、自らの政策綱領に再び、この形式の国際主義を載せることはなかった。政治家たちが、たとえどんなに抜け目なくやったとしても、国際連盟に対する大陸主義の抵抗に、彼らは打ち勝つことはできなかったというのが、一九二四年までに確信されていたに違いないのだ。

このようなわけで、アメリカ国民の大多数が、選挙で問われたとき、この国を国際的な集団主義に委ねようとする権限を、ウィルソン大統領や他の誰であっても、与えようとしなかったというのは、厳密に言っても、正しいのだ。彼らは、決して約束をしなかったし、誰に対しても、アメリカが平和を恒久的に強要するいかなる世界組織に参加することを、ヨーロッパに約束する権限を与えなかった。彼らは、憲法の条章に従って適切に承認されたものは、どんな約束であろうとも、決して拒否はしなかった。彼らは、一九一六年に、国際的集団主義に合衆国を委ねようとする権限を、適正な法手続きによって、大統領に与える行動をまったくとっておらず、一九一八年には彼の指導権を拒否していたので、一九二〇年に国際連盟を否定したとき、彼らは、連合国に対するいかなる誓約も破ったわけでなく、いかなる信頼を裏切ったわけでなかったし、いかなる神聖な義務をも回避したわけではなかった。政治指導者や国際主義の支持者たちによってあらゆる扇動が行われたにもかかわらず、ヨーロッパの友好と敵対に、合衆国を、半永久的に巻き込もうとすることに対する大陸主義者の抵抗は明白であり、積極的であった。

この国を、ヨーロッパの国家システムに公式に結びつけようと画策した国際主義者の他の努力も、同じように、強力な抵抗を受けた。彼らが、国際連盟の問題で、どうしようもないほど敗北を喫したとき、彼らは、曖昧で、つかみ所のない、美辞麗句で綴られているケロッグ条約を〝履行〟しようとした。彼らは、現在の世界〝秩序〟を、武力の行使によって転覆させようとする〝侵略者〟に対して、軍事的ではなく、経済的な制裁を行う方法を考案したのだった。

実際のところ、これは、諸国家連合への加入ではないにしても、武力あるいは武力の脅威による、いかなる変更にも反対するという、当時、優勢であった〝解決策〟を合衆国に支持させようと目論んだ計画であった。このスキームは、巧妙であった。ヘンリー・L・スティムソン[10]長官の下の国務省は、このスキームに賛意を示した。しかし、当時、身の毛のよだつドイツの新たな恐怖に直面していなかったイギリスとフランスは、満州を掌握しようとしていた日本に対して圧力を加えようとする彼の考えに協力することを拒んだ。議会もまた、この計画のいかなるフレーズも承認することを拒否、議会内に横溢している大陸主義思想の強さを示したのだった。

一九三七年、再び、熟達した平和主義者が、この国を、ある種の集団的行動に向かわせるためのスローガンとして、ルーズベルト大統領の「隔離」ドクトリン[11]を利用したとき、大陸主義の精神は、それを圧倒してしまった。電報や手紙によってワシントンに流れ込んだ、このドクトリンへの抵抗は、あまりに数が多く、強力なものだったので、ルーズベルト大統領でさえ、その主張を繰り返し述べることをやめてしまった。議会は、その翌年、辛辣な討論を経て、大統領の海軍拡大法案を通過させた。議論が続いている間、民主党員は、機に乗じて、隔離主義がもたらしたあらゆる汚点を打ち消そうとした。大統領のシカゴ演説を読んだ後、国際主義者が声をあげた賞賛のコーラスも、次第に静まり、空しい反響のなかに消えていった。合衆国の国民が、隔離主義にはまったく関係しようとは思っていないこと、彼らの大陸主義への執着は、依然として、支配的であることと、合衆国の権力を行使して世界にいかなる組織を押しつけようとする努力も、提案されるたびに阻止されるということが、再び明らかになったのだった。

一九三九年中立法改正、その精神は大陸主義

大陸主義の優れた力が、ヨーロッパで新たな戦争が始まった後の一九三九年、中立法の修正に関連して、再び示された。よくよく考えてみると、それは完全に説明のつくことであったが、極めて奇妙なことに、指導的な平和論者たちが、その当時、交戦国への軍需品輸出を支持していたのである。もし、このことが、集団安全保障に貢献するところがあったとするならば、彼らは、その点において、成功であった。しかし、侵略者に対してペナルティを課す方向に、中立法を改正しようという彼らの努力は、再び阻止された。「国際法への復帰」を図るため、一切の輸出禁止、輸出品と海運業に対する統制を一掃しようとする試みは、容赦なく、撃退されてしまったのである。

議会は、軍需品輸出禁止条項の撤回要求に譲歩した後、海運業に対する統制を一段と厳しくするとともに、交戦国に（アメリカから購入した）物資を現金で支払い、自国船でそれらを輸送することを求めた。そしてこうした制限を行う権限を大統領に委任したのだった。議会は、行政上の決定権を拡大するどころか、それとは反対にこれを縮小したのである。また、大統領に対して、諸国家を差別したり、隔離したりする権限の行使にもっと多くの自由裁量の余地を与えることな

く、大統領が交戦国に対して圧力を加える目的に利用し得るよう〝紛争〟の数を減少させるという規定を設けた。要するに、一九三九年の中立法(12)は、購買能力のある交戦国に対する武器販売から生じる十分な喜びを、平和主義者たちは味わうことができたけれども、その字句と精神においては完全に大陸主義的であったのだった。

大陸主義者たちは、一九三九年秋、侵略者に対して、輸出禁止を課そうとする国際主義者の計画を頓挫させたけれども、ヨーロッパの「勢力均衡」に合衆国をはめ込もうとする、より狡猾な案に、直面しなければならなかった。ルーズベルト大統領のシカゴでの隔離演説以来、起きたさまざまな出来事によって十分に教訓を与えられた国際主義者たちは、歴史的な宿敵を打ち破ることができず、「アメリカを戦争に巻き込むな」という叫びに、自分たちを合流させることを決定した。合衆国をもう一度、連合国側に放り込もうとしていた国際連盟を支持する人々の残党は、この叫びを、そのまま繰り返した。騒々しい集団安全保障の提案者たちは、ちょっと前は大惨事が起きたら、合衆国は巻き込まれずにはいられないと主張していた。ところが今や、彼らは「戦争不介入」を支持していた。彼らは、アメリカのための平和を、自分たちが新たに表明していることや、ヨーロッパとアジアの武力紛争への不参加を、自分たちが新たに主張していることについて疑念を抱いている旧来の大陸主義者を非難した。

しかし、見かけ上の転向者も、その根深い信念をほとんど諦めていなかった。事件が起きるたびに、彼らはしばしば特殊な利害関係者の支持を得て、戦争一歩手前の手段であったにしても、ヨーロッパとアジアの大混乱に合衆国を積極的に参加させようとして、その機会を利用した。ロシアが、フィンランドに対する侵略戦争を始めた直後に、彼らのグループは、アメリカの〝自己利益〟にかかわっているとの理由に基づいて、フィンランドに対して公私の援助を与えるべきである、と主張した声明文を起草、多くの署名を得た。事実上、アメリカの国境は、ライン河とともにフィンランドの東部国境にまで延びたのだった。彼らのこうした策略に対して、一九四〇年二月十日、ルーズベルト大統領がロシアに対して浴びせた公然かつ辛辣な弾劾は、大統領が公式にそうしたことを承認するという色彩を与えた。合衆国政府のフィンランドへの資金貸し付けも、同じような効果をもたらした。イギリスやフランスに対する合衆国国民の愛情を利用して、合衆国を戦争やヨーロッパのシステムに巻き込むことができないとしても、共産主義ロシアに対する憎悪は、望ましい結果をもたらすかもしれない、と彼らはおそらく考えたのであろう。

しかしながら、合衆国が戦争に巻き込まれないにしても、国際主義者は、合衆国を、ヨーロッパのシステムの中に入り込ませることができるもうひとつのプランを持っていた。それは、第二次世界大戦の終結に際して、アメリカ人に「公正で、恒久的な平和」を考案することに興味を持たせようという案であった。ある委員会が、この目的を達成するために、国際連盟と集団安全保障のかつての主唱者たちのリーダーシップの下、結成された。この委員会が組織された直後に、委員会の幹部たちは、数々の会議を催し、この問題についての社会的議論を奨励し始めた。こうした国際主義者の活動に対して、ルーズベルト大統領は一九四〇年二月、「平和」の見通しと、来たるべき「解決」にアメリカがどのように関係できるかを、どうやら探らせるために、以前のハウス大佐[13]の例に倣って、国務省のサムナー・ウェルズ[14]をヨーロッパに派遣することによって、ある種の公式の祝意を与えたのである。

偉大なる空想が提起された。それは、合衆国が第一次世界大戦に参戦した前後に、ウィルソン大統領がそう振る舞ったように、ルーズベルト大統領が、調停役あるいは仲裁役として行動し、おそらく同じような成功を収められるかもしれない、というものだった。イギリスとフランスはそのような助力を必要としないかもしれない。あるいは再び、必要とするかもしれない。そのうえ、合衆国内にいるドイツ派の宣伝者たちの一部には、差し迫った場合には、ドイツを徹底した破滅から救うためにアメリカが適切な時期に調停に立ってくれればいいという考えを、同じように、もてあそぶ者もいた。結局、もし、ウィルソン大統領のパリでの断固たる主張がなかったならば——ウィルソン大統領の功績はドイツにおいては都合良く無視されている——最後の解決は、ドイツにとって、より過酷なものとなっていただろう。

かくして、次なる平和を議論するためのアメリカのスキームは多くの様相を見せていた。とりわけ、もし、ルーズベルト大統領が、偉大なる平和の調停者として行動するとすれば、彼が、大統領三選を果たすための選挙、あるいは彼による後継者の指名は、その役割にとってはふさわしいものであったであろう。そのことは、大統領のこうした目論見を支持する人々にとっても、また、政府の要職を占め、国民から給料をもらっている民主党の幹部たちにとっても、好都合であろう。だが、平和の調停という仕事は単純ではなかった。

いずれにせよ、こうした目論見は、包容力のある人たち、特にアメリカの実情にまったく関心を持たない人々を喜ばせていた。こうした知識層にとって、財政改革、財政赤字の阻止、一千万人の失業者に仕事を与えること、国民の三分の一に住宅を提供すること、一億エーカーの土地を大切に使うこと、その他、同じような国内向けの事業は、世界秩序を計画するとか、世界会議に参加するといったことと比べて、つまらない仕事のように思えたかもしれない。市民の自由、産業上のさまざまな関係、シェアクロッパーの窮状、失業者の病気、その他の扇動運動などをめぐる国内での確執に対して大いなる情熱を見せることは、その人の名声を損ない、経歴にダメージを与え、経済的困窮の原因につながりやすかった。

他方、ヨーロッパとアジアの諸問題を論議することに情熱を注ぐことや、それらの問題を解決しようとしていくぶんか抽象的な計画に同じような情熱を注いだりすることは、見解の広さ、知識の深さ、文化的外見の豊かさを示しているようであった。そしてそれは、多くの集会、会議、夕食会、雑誌の記事、国際関係を取り扱っている出版物が決定的に証明しているように、アメリカ人の教育ある階級に対するアピールとしては、間違いなく、強烈なものだった。こうした魅力ある呼び物に、外交問題の利用という一項目が、国内問題の困難に途方に暮れている政治家たちの選択肢に付け加えられたとき、合衆国の国際主義運動は、すべての大陸主義者が考慮に入れなければならない新たな勢力を得たのだった。「公明正大な平和」「恒久的平和」の名の下に政府が実施する事業は、教育があってずけずけと物を言う、そして創意工夫に富んでいる多くのインテリ階級の支持を、また、国内危機に毅然として取り組むことができない、あるいはそうすることを恐れている政治家たちの力強く、執拗な支持を、それぞれ期待することができた。このことは、一九四〇年の大統領選挙が近づくにつれて、必ずしも無視し得ない政治的資産となった。

国際主義と帝国主義の敵は、大陸主義

一見したところ、奇妙に思えるかもしれないが、将来の「恒久的平和」にアメリカを介入させようとする国際主義者の運動の威力は、帝国主義者や大海軍論者、そしてそれらと関連する利害関係者らの感情によって増幅されていった。国際主義の極めて重要な教義のひとつは、アメリカ製品や農産物の外国へのはけ口を増大させることが、国内での供給過剰、不景気、経済的困窮から脱出するための、唯一ではないにしろ、最上の望みであるという独断的な教理であった。もう

ひとつは、合衆国の経済力や海軍力は、世界情勢において〝重要な役割〟を演じる道義的義務をアメリカ国民に課している、という主張であった。

帝国主義者は、概して、こうした信仰規範の双方に賛同していた。彼らは、フィリピンの保持と、集団的行動および協力を通じて通商の促進を求めていくうえで、このはけ口論を重んじた。大多数の海軍高官は別にして、大海軍論陣営で帝国主義を唱える人々は、建造された艦船の使用には、まったく関心を持っていなかったけれども、道義的義務の理論を歓迎した。それは、絶え間なく軍備増大を求めていく彼らの闘争において援軍となった。すなわち「もっと多くの軍艦を、善行のために、もっと強い力を」ということであった。彼らは、一八九九年、ハーグで行われた第一回会議以来、いわゆる軍縮会議の長年の経験によって、そのように宣伝されている国際的協調行動へ向かうことには何ら恐れることはない、ということを学んでいた。このため、大海軍論者たちは、恐れることなく、世界的ステージにおいて、大国として行動すべき合衆国の道義的責任を強調した一派を支持するために、再結集することができたのである。

極東における複雑な事態は、大陸主義者の抵抗に対抗しようとする、帝国主義者と国際主義者との協力関係の構築に特別な根拠を与えた。もし、アメリカ人の帝国主義者が、日本との「避けられない戦争」に乗り出そうとするならば、イギリスの支援と、シンガポールの基地を保有しているという強みは、極めて重要なものであった。それに加えて、イギリス自身、他の地域と同じように、この地域においても苦境に陥っていた。このため、彼らは、同じように、ピンチに直面している仲間を快く歓迎したであろう。

協調行動の効用は、その影響を受ける利害関係者には明白であった。計画は大きいが実績は小さい大陸主義の方が、帝国主義的冒険とそれを支援する共同行動にとって、国際主義よりも恐ろしい敵であった。大海軍論者は、外国の敵に対抗して、いわゆる防衛のための装備として軍備を拡張する口実を孤立主義の中に見出すことができたのは確かだが、大陸主義は、世界的な海上権力――世界の治安を維持し、海上通商路を開放し、あらゆる場所で反対者を素早く退治するための力――を持とうとする大海軍論者の大望にブレーキをかけた。帝国主義者や大海軍論者の気質と決意にうまく合っていたのは、たとえ微温的で効果のない軍縮の危険な兆候を伴っていたとしても、国際主義者が抱く「大いなるワールド・ビジョン」であった。

帝国主義的感情は、政治家の指導層や大海軍論者らに公然とは認められていなかったにせよ、この国から失われたわけではなかった。実際のところ、国務省においても、そうであった。民主党員で、フィリピン高等弁務官であったポール・マクナット[15]は、帰国してフィリピン独立に反対する数多くの演説を行い、合衆国はこの島国を持ち続け、極東における通商権益を増進すべきである、と主張した。一八九八年の綱領[16]をぶち上げた旧帝国主義者風に、彼は、そういう主張を行ったのだった。

ルーズベルト大統領が、少なくとも心底から、そのことに不賛成でなかったことは、一九三九年、マクナット氏を、大統領が付与するポジションの中でもっとも高いもののひとつに指名したことによって示された——彼は、その地位を、様々な帝国主義について、より多くの演説をするための広報手段として、利用したのだった。そうこうしているうちに、新聞の投書や雑誌の記事などによって、有力者たちが、そうした主張に興味を抱き、支持していることが明らかとなった。海軍の戦争計画において日本は当然ながら〝敵国〟と判断され、「戦争不可避」論が、多くの積極的な人々の心の奥底に沈んでいた強い思いを、めまいがするほどではないにせよ、満たしたのだった。

この新しい議論において、極東での戦争から合衆国はいかなる利益を得るのかということは明瞭にされなかった。帝国主義が〝そろばん勘定に合う〟とは、もはや言えなかった。というのも、フィリピンは、少数の貿易業者をもうけさせたけれども、この国にとっては経済的損失であったということが、複数のバランスシートが示していたからだ。また、中国で獲得されるという比類のない富の神話も、戦争という幻の目標を描いている先には、もはや約束として利用することができなくなった。暗闇の中に座っている彼らを、文明化し「われわれの小さな褐色の兄弟たち」を向上させるということも、同様に、その魅力を失ってしまった。というのも、アメリカ経済は、八百万人から一千万人の白人、黒人、兄弟や姉妹たちを、国内で退廃や不安に追い込んだ絶えざる危機によって、とことん揺らいでしまったからだ。イギリス帝国主義の大いなる成功とイギリス帝国の幸福な状態を、小心者のアメリカ人が見習うべき立派な実例として引用する新たなマハンは現れなかった。

たとえそうであっても、日本との戦争を支持し、また、アジアにおいて貿易を拡大するための基地としてのフィリピンを保持するために、海軍力を利用することを支持する帝国主義者は依然として存在したのである。帝国主義の大義にとって一層、重要なことは、間違いなく、合衆国の国内情勢が混乱することであった。社会不安はますます募り、それが政治家たちを、何らかの対外的冒険へと逃避させるかもしれなかった。彼ら政治家たちが国内危機にまったく対処し得ないことは、この十年以上の間に痛いほど分かった。そして自暴自棄になって、困惑し、失望して、最後の手段に訴えるかもしれなかった。一八九八年の最初の極東出撃[17]について、アメリカ国民の承認は、求められなかった。そういう前例もあるから、アメリカ国民は、抑圧されたエネルギーを放出し、国内の難局から脱出するための新たな爆発を計画している、じっとしていられない政治家たちから事前に、相談を受けることはないかもしれないのだ。

こうした事態を考慮すると、「公正かつ恒久的な平和」を構築するための橋渡し役として、合衆国を押し出そうとする壮大な事業は、海軍官僚、帝国主義者、国際主義者が、それぞれ特別な希望と利害関係をもって協力することができる事業なのであった。その事業の中には大陸主義の抵抗力に対するもうひとつの挑戦が含まれていた。アメリカ国民は、メキシコ、スペイン、フィリピンに対して戦争を行ったにもかかわらず、今では自分たち自身を平和的な国民であると考えたかったのである。今のところ、暴力でもって、自らの目的を達成し、世界の〝既成秩序〟をかき乱しているのは、自分たちとは異なる別の国々というわけだ。とかく忘れっぽくて、心の優しい国民にとって、このことは、実際のところ、恐ろしいことであった。それゆえに、次なるヨーロッパの平和を促進するために奔走している平和協会、連合、評議会、討論会、クラブなどは都市、村落、集落などに、自分たちの信念が伝わっていることを感じとり、彼らから励ましを受けたのだった。

すべてが感じよく進んでいるように思われた。しかし、次なる平和の性質は、他の解決策と同じように、戦争の終わりに、陸海軍力によって決定づけられることは、明白であった。もし、イギリスとフランスが、明らかに勝利に近づいているとするならば、打ち破った敵に課す条件に対して、アメリカが介入することを欲しないであろう。それはもっともなことである。もし、彼らが、自分たちは敗北するのではないか、とおぼろげながらも感じているとするならば、「公正かつ恒久的な平和」を建設するための努力において、合衆国から陸海軍の援助と財政上の支援を必要とするであろう。交渉による平和は、有利な地位を得ようと画策する新たな争いを生むだけであろう。大陸主義の抵抗力にとっての第三の大いなる危険は、まさにそこに存在するのである

――つまり、一八九八年、あるいは一九一七年に起きた事態が、新たな形式と新たなスローガンの下、繰り返されるかもしれないのだ。

アメリカの大陸主義は世界平和を招来する

アメリカの歴史上、支配層は、二度ばかり、アメリカ国民を、大陸の重心より引き離し、表面上はアメリカの産業に繁栄をもたらし、アメリカの威信を輝かせるような他の諸国あるいは地域との関係を求めて世界的な冒険に向かわせた。最初は、一八九八年であり、二度目は、一九一七年だった。しかし、そのたびごとに、国民の大部分は、その推進力に抵抗し、その偽りの約束の中に妄想を見出した。そして大陸主義の軌道に戻っていったのである。帝国主義は、もうけも、栄光も、安全も、もたらさなかったのである。国際主義は、すでにヴェルサイユで破滅させられてしまった――国際連盟の下での権力闘争によって、戦争宣伝の暴露によって、記録から消し去ることのできないその他の残忍な出来事によって……。

帝国主義や国際主義に反対する国民の根本的決意が、何度も表明された。つまり、フィリピンから撤退することを規定した条項の中に、大国が生き残りを賭けて戦っている場所で貿易に従事する見かけ上の権利を放棄する中に、アメリカの船舶や旅行者を交戦地域に立ち入らせない中立法の中に、グアムを大規模海軍基地に変容させようとすることを議会が拒否した行動の中に、取るに足りない中国貿易をめぐって大戦争を引き起こすことを明らかに好んでいないということの中に、アメリカの〝余剰品〟をダンピングする、すなわち外国人にそれらをくれてやるための人為的手段に無差別に訴えることなく国内経済の危機を国内的な措置によって克服しようとする絶え間ない努力の中に、それぞれ示されてきたのである。

「自由な国際交易」という、コブデン・ブライト流の概念に基づく政策の、人を惑わすようなあらゆる冒険を試みた後、アメリカ国民は、この種の自由がますます増大しつつあるのではなく、異なる原則に基づいて行動している国家の数が着実に増加しつつあるという事態に直面したのだった。自由な国際交易は、どんなにひいき目に見ても、部分的に行われたに過ぎなかったし、その方向に向かう傾向も逆転してしまったのである。

ドイツ、イタリア、ロシア、日本は、全体主義的性格を帯びた統制経済に移った。フランス、イギリス、その他の諸国は、管理と「(厳格な体制への)組織化」の方向に転じた。たとえ、合衆国が総力を挙げて、これらの諸国に、通商を強要し、また、通商チャンネルを拡張しようとしたとしても、国内における直接的行動によって自らの生活問題に対処しようとする外国政府——資本主義者、ファシスト、共産主義者——の、見たところ抑えがたい決意に対して、何ら成果を挙げることはできなかったであろう。アメリカ文明は、必要に迫られ、その本来の姿に立ち戻ったのである。

ゆっくりとだが、次第に力強さを増しながら、帝国主義と国際主義の「外国のはけ口」という教義は幻影であることが理解されるようになった。このことは、外国貿易が軽視され、望ましくないものと思われたということを意味しなかった。実際のところ、外国貿易は、国内では手に入れることのできない産物に対するアメリカの必要の限度内において、望ましいと十分に認識されていた。しかし、それは、アメリカ産業と農業を高速度で運営することを維持するために必要不可欠である購買力の潜在力が、まさに国内における新しい富の創造に依存しているということを意味していた。国内における遊休工場、遊休労働力、遊休資源で毎年、浪費されている二、三百億ドルと比べれば、三、四十億ドル規模の外国貿易は少額に過ぎないという意味であった。また、アメリカ企業が発展していくためのフロンティアは、この大陸内にあり、物語に名高い東インド(18)や、ライン川、ドナウ川、ヴィスワ川(19)にあるのではないという意味であった。さらに、われわれの周囲には、まさに崇高な文明に必要な物質があるという意味であり、帝国に頼らず、あるいはヨーロッパとアジアにおける長年の連携関係に巻き込まれることなく、この大陸において、崇高な努力によって得られる目標として、心の中にある文明のビジョンを実現するために、科学、技術、発明的才能、個人のエネルギー、公共事業を、いかに傾けていくか、という問題に知能、男女の文化的な能力を集中させることが、主要な任務であるという意味であったのである。

この大陸主義は、アメリカから〝隠遁者〟を作り上げようとしているのではない。これは、早い段階から初期共和国の後援を受けており、そうした不可能な考えすら抱かなかった。また、それは、アメリカ文明はヨーロッパの歴史的遺産を利用したものであり、西洋文明の一部であり、西洋と東洋の文化と継続して接触してきた、という明白な事実を否定しなかったし、ヨーロッパとアジアにおける戦争は合衆国に〝影響を及ぼし〟、〝関係がある〟という明白な事実を否定しなかった。それは、ヨーロッパあるいは中国（あるいはインドあるいはエチオピア）の苦悩に〝無関心である〟ことを意味しなかった。実際のところ、すべての歴史において、地球上のあらゆる地域における人類の苦悩——戦争、飢饉、革命、迫害、地震から生じる苦悩——を救済するために、気前よく、自らの富をつぎ込んだ国民はいまだかつていなかったのである。

こうした紛争や苦悩に関して、大陸主義には、自らの利害と支配の及ぶ領域を超えたところにある、他の国々の人々の生活から苦痛を除去し、彼らの生活を回復させ、維持したりするアメリカの様々な力には、限界があることを認識している——つまり、合衆国は、単独であれ、あるいは何らかの連合においてであれ、ヨーロッパとアジアに平和を強要し、それらの地域に民主的かつ平和的な政府を樹立することを保証し、あるいはそのような政府の永続性に必要な社会的かつ経済的な保証を提供する力を持ってはいない、という確固たる事実の認識——という意味があるにすぎない。道徳性に関して、大陸主義者は、他の国々と人々に対して責任があることを否定はしなかった。それとは反対に、大陸主義者は、そうした責任を果たすことを支持するとともに、アメリカの様々な力に課せられる物理的、経済的、政治的な制限について、そして大災厄をもたらすような偶発的な出来事から共和国を守る崇高な義務について、常に、当然なる配慮を示したのであった。仮に、この観念は、絶対的道徳心が要求するところの私心なき犠牲の精神を欠いているとしても、友邦諸国家によって示されたその他多くの事例の前では、(大陸主義には)賞賛に値する価値が存在する、と主張することができるであろう。

大陸主義は、国内の重大な経済的および社会的な危機を克服することや、アメリカ文明を、その最高の特色を発揮するよう強化することに注意を払い、エネルギーや知性を集中させるほか、厳密に解釈すると、共和国初期の、間違いがなくて抑制された外交に回帰することを意味していた。外交問題を議論し、中立法が許す限りにおいて、外国の国民、政党、党派、理念を支持する自由は、公理として、認められていた。アメリカが自国の平和を維持しようと思っているならば、アメリカと外交関係が維持されていて、アメリカと平和な関係にある諸外国を、善悪にかかわらず、非難したり、口汚く罵ったりすることを慎むということは、公務員、特に、全国民の名において話をする大統領と国務長官の義務であるということも、同じように、公理であった。

正しい政策は、こうした公務員に対して、他国のマナーや道徳について、無益かつ冗長で、形式のみ整った論述を避けること、威厳のある言葉でもって抗議を表明すること、外国政府との必要な交渉を行う場合には、できる限り簡明かつ丁寧に話をしたり、文書を書いたりすること、陸軍と海軍が、成功の合理的見通しをもって実行できないようなことについて大言壮語しないこと、国際関係は、承認された外交上の慣習に従って抑制されたスタイルでもって、運営すること――穏やかな言葉づかいで話をし、国力を最良の状態に保ち、戦争が最後の手段として考え得る場合以外は、怒りを控えることを、それぞれ命じているのだ。そうした公務員の行為によって、合衆国政府は、海外において、数えきれないほどの憎しみをこうむることを回避できるとともに、世界のあらゆる場所で、困難に直面している人々に対して、それにふさわしい出来事が起きた場合には、権威をもって、または丁寧に、時には愛情さえも感じて、奉仕と協力を提供することができるであろう。

合衆国政府が、首尾一貫して追求してきたこの政策は、世界の他の諸国に平和を招来することを奨励するであろうし、決して、妨げたりはしないであろう。

訳注

第1章　外交政策の性格

（1）日中戦争が勃発して三か月経過した一九三七年十月五日、米大統領フランクリン・ルーズベルトが、日独伊三か国、特に日本の侵略を非難するためにシカゴで行った演説を指している。ルーズベルト大統領は、合衆国の中立維持を主張しながらも、日独伊三国を「世界的無法という伝染病」に例え、世界平和を維持するために「隔離する」必要性を主張した。しかし、この時点では、国内世論の孤立主義的傾向がかなり強かったため、具体的な強硬策は実施されなかった。

（2）一九三七年十一月に日本、ドイツ、イタリア三か国がイタリア・ローマで調印した協定。その前身は前年十一月の「日独防共協定」であり、世界革命運動であるコミンテルン（共産主義インターナショナル、第三インターナショナルとも呼ばれる）への対抗措置を定め、秘密付属協定でソ連を仮想敵国とした。四〇年には日独伊三国間の軍事同盟へ発展した。

（3）サムナー・ウェルズ（一八九二―一九六一年）は米外交官。フランクリン・ルーズベルト政権下の一九三三年に国務次官補に指名され、三七年から四三年まで国務次官。ニューヨーク市生まれ。ハーバード大学に在学中、同大統領と出会い、親しい間柄となったという腹心であった。

第2章　アメリカの大陸主義

（1）一七五六年から六三年までの間、プロイセン王国とオーストリア帝国の対立を軸に全ヨーロッパに拡大した戦争。プロイセンはイギリスと、オーストリアはフランス、ロシアとそれぞれ手を結んだ。英仏間ではアメリカ大陸の植民地での戦争も並行して行われた。プロイセンとイギリス連合軍が勝利したものの、この戦争は各国の財政状態を悪化させた。このため、その後のアメリカ独立戦争やフランス革命を引き起こす遠因となった。

（2）フランス革命は、一七八九年に勃発したブルボン王朝を倒したブルジョア（市民）革命。通常、八九年から九九年のナポレオン一世独裁に至るまでの諸変革の過程を指している。
(3) トーマス・ペイン(一七三七―一八〇九年)は、イギリス生まれの哲学者。一七七四年、ロンドンに来ていた米科学者ベンジャミン・フランクリン(一七〇六―九〇年)と知り合い、フランクリンの紹介で、米フィラデルフィアに渡った。様々な職業を転々としながら、独立戦争の始まった七六年にパンフレット『コモン・センス』を発表、アメリカの独立は当然の権利であり、必然であると訴えた。これがベストセラーとなって、苦戦を強いられていた独立派の人々を勇気づけ、戦勝へと導く精神的支柱となった。
(4) ジョージ・ワシントン(一七三二―九九年)は、独立戦争を指導して勝利に導き、一七八九年には合衆国初代大統領(九七年まで)となった。バージニア州生まれ。米国では建国当時から新憲法の制定過程を巡り、連邦派と反連邦派の対立があり、ワシントン政権の下でも、ハミルトン財務長官は前者、ジェファソン国務長官は後者に属し、対立していた。ワシントンは、中立の立場をとって、国内秩序の回復に務めた。九二年、大統領に再任されたが、九六年十一月、三期目の大統領選挙に出馬するよう求められたものの辞退、引退を表明した。その際、外交政策の基本としてヨーロッパの紛争に巻き込まれないようにするため、中立を維持することを説き、その後も、それが米外交の基調思想となった。
(5) ジョン・アダムズ(一七三五―一八二六年)は、建国の父のひとりであり、ワシントン政権の初代副大統領(一七八九―九七年)、次いで第二代大統領(一七九七―一八〇一年)に就任した。マサチューセッツ州生まれ。
(6) トーマス・ジェファソン(一七四三―一八二六年)も独立戦争の指導者のひとり。一七八五年から四年間、駐フランス公使を務めた。帰国後、ワシントン政権の初代国務長官(一七九〇―九三年)に就任したが、財務長官ハミルトンや副大統領アダムズら連邦政府の権限強大化を主張する連邦派に対抗、反連邦派の代表的存在となった。ジョン・アダムズ政権で第二代副大統領(一七九七―一八〇一年)。ジェファソンは、九一年に州権主義、民衆の政治参加などを主張するリパブリカン(民主共和)党を結成、政党政治を本格化させた。後にこの党の一部から現在の民主党が生まれることになる。一八〇〇年の大統領選挙で、ジェファソンは、リパブリカン党から立候補、現職アダムズに勝ち、第三代大統領（一八〇一―〇九年）となった。バージニア州生まれ。

（7）ナポレオン戦争は、一八〇三年五月から一五年十一月まで、欧州全域を舞台に、断続的に発生した各戦争の総称。仏皇帝ナポレオン一世（一七六九―一八二一年）がその中心にいたことからこう名付けられた。仏革命を外国の干渉から守る革命防衛戦争として始まったが、「革命の理念」を拡大するための戦争、次に侵略戦争へと変質、そして一二年、仏軍が冬期のモスクワ遠征に失敗、仏帝国の防衛戦争へと転化した。一連の戦争は欧州の封建体制を崩壊させ、市民社会の拡張をもたらしたが、周辺諸民族を抑圧する結果となった。

（8）ジェームズ・モンロー（一七五八―一八三一年）は、第五代大統領（一八一七―二五年）。バージニア州生まれ。同州知事、ジェームズ・マディソン政権で国務長官と陸軍長官を歴任。大統領の任期中はヨーロッパ大陸で「ウィーン体制」の時代にあたり、復活したスペインなどの旧勢力が南アメリカの独立への干渉を強めてきた。そこで一八二三年、モンロー教書（中身については後述）を発表、相互不干渉の原則を打ち出しながらも、南北アメリカ大陸への支配権の維持を図った。

（9）ヨーロッパの戦争とは、一七八九年の仏革命後、九二年から九九年にかけて、仏革命政府と反革命派の英国など欧州諸国との間に生じたフランス革命戦争を指している。反革命派各国は九三年、第一次対仏同盟を発足させ、以後、七次にわたって同盟が結成された。

（10）ウィリアム・H・スワード（一八〇一―七二年）は、米政治家。ニューヨーク州生まれ。同州知事、上院議員を経て、エイブラハム・リンカーン、アンドリュー・ジョンソン大統領政権下で、国務長官を務めた。

（11）ジェームズ・マディソン（一七五一―一八三六年）は、第四代合衆国大統領（一八〇九―一七年）。ジョン・ジェイ、アレクサンダー・ハミルトンとともに『ザ・フェデラリスト』を執筆したことや、一七九一年、憲法修正第一条から十条までを「権利章典」として制定することに尽力したことから「合衆国憲法の父」と言われる。バージニア州生まれ。リパブリカン（民主共和）党。ジェファソン政権下で第五代国務長官（一八〇一―〇九年）も務めた。

(12) 一八一二年の戦争は、ナポレオン戦争中の、この年六月に米英間で起こった戦争。イギリスが海上封鎖をして、合衆国とフランス間の貿易を妨害したことなどに対するアメリカの反発から起こった。戦闘は、米国内で行われたが、勝敗はつかず、ヨーロッパで、ナポレオンが没落したことを受けて一四年に講和した。第二次独立戦争とも呼ばれている。

(13) 当時、カナダは英植民地、フロリダはスペインの植民地だった。

(14) ナポレオン戦争の後始末をするために開かれたウィーン会議の結果、ヨーロッパに形成された復古体制のもと、一八一五年九月、ロシア皇帝のアレクサンドル一世が提議し、オーストリア皇帝、プロイセン国王との間で発足させたのが神聖同盟。のちにローマ教皇、オスマン帝国皇帝、イギリス国王を除く、ヨーロッパの全君主が加わった。具体的な政治的および外交的取り決めがあったわけではなく、四八年に欧州各地で起こった革命で復古体制が崩壊するまで、この同盟は自由主義や国民主義運動に対する抑圧を理念的に支える力となった。

(15) ジョン・Q・アダムズ（一七六七―一八四八年）は、第六代合衆国大統領（一八二五―二九年）。父親は第二代大統領のジョン・アダムズ。マサチューセッツ州生まれ。駐ロシア大使、駐英大使を経て、ジェームズ・モンロー政権下の国務長官（一八一七―二五年）などを歴任した。一八二八年選挙で、民主共和党のアンドリュー・ジャクソンに敗れ、父親とともに一期だけの大統領となったが、その後、大統領経験者としては史上唯一の下院議員となった。

(16) 神聖同盟を指している。

(17) 一八二一年に始まったオスマン帝国からのギリシャ独立を目指す戦争。ウィーン体制下でヨーロッパ諸国が支援したが、同時に体制の動揺につながった。二七年のギリシャ・ナヴァリノ海で行われたオスマン帝国艦隊と英仏露の連合艦隊の海戦を経て、最終的に三〇年のロンドン会議で、ギリシャの独立は国際的に承認された。

(18) ダニエル・ウェブスター（一七八二―一八五二

年）は米政治家。連邦下院議員、上院議員を経て、ウィリアム・ヘンリー・ハリソン政権とジョン・タイラー政権で国務長官（一八四一―四三年）、ミラード・フィルモア政権でも国務長官（一八五〇―五二年）。ニューハンプシャー州生まれ。フェデラリスト党、ホイッグ党などに所属した。

(19) ホイッグ党とは、一八三四年に合衆国で結成された反ジャクソン派の政党。第七代大統領アンドリュー・ジャクソン（一八二九―三七年）の政権が絶大な国民的支持で強大になったことに反発した人々が結集、かつてのフェデラリストに近い保護主義、連邦政府の強化、合衆国銀行の復活、最高裁判所や上院の権威の維持といった主張を掲げた。四〇年代から五〇年代にかけて、ホイッグ党の全盛時代で、四人の大統領が同党から輩出されている。英ホイッグ党（後の自由党の前身）とは直接的な関係はない。

(20) 一八五〇年の大妥協とは、メキシコとの戦争（一八四六―四八年）に勝利したことで発生した、領地と奴隷問題をめぐり高まった南北分裂の危機を回避するため、五〇年八月に連邦議会で可決された一連の法案を指す。主な内容は①カリフォルニアを自由州として州に昇格②テキサス州の境界を定め、テキサス独立以来の借金を連邦政府が肩代りする③ニューメキシコ准州とユタ准州を設立、将来、両地方が州に格上げされた場合には奴隷制の可否を住民の意志にまかせる④逃亡した奴隷の逮捕を容易にするなど逃亡奴隷法を強化する⑤首都コロンビア特別区での奴隷売買を禁止――などであった。北部と南部それぞれの利益が併記されて妥協が図られ、南北対立は一時的に緩和、分裂は回避された。

(21) ハンガリーの反乱とは、一八四八年、ハプスブルク家の支配下にあったオーストリア帝国からハンガリー王国が独立しようとした革命を指す。ヨーロッパ各地で起きた、自由主義を掲げ、憲法の制定などを求めた一連の革命のひとつ。ハンガリーが一時、独立政府を樹立したが、ロシアの介入で、鎮圧された。

(22) ウィリアム・ロイド・ガリソン（一八〇五―七九年）は、急進的な奴隷制度廃止運動家で、奴隷制廃止運動の新聞『リベレーター』の編集者として知られ、「アメリカ反奴隷制度協会」の創設者。マサチューセッツ州生まれ。

(23) ラヨシュ・コシュート(一八〇二―九四年)は、ハンガリーの独立革命指導者。ロシアの介入で革命が鎮圧されると、コシュートはトルコに逃れた。その後、イタリアなどに亡命、生涯、ハンガリー独立を国際世論に訴えながら、祖国に戻ることなく死去した。

(24) ヘンリー・ワーズワース・ロングフェロー(一八〇七―八二年)は米詩人。メイン州生まれ。代表作に『ポール・リビアの騎行』などがある。

(25) ヘンリー・クレイ(一七七七―一八五二年)は、生まれはバージニア州だが、ケンタッキー州から選出された下院議員、上院議員を経て、一八一一年に下院議長、その後も二度にわたって下院議長に就任した。ジョン・クィンシー・アダムズ政権では国務長官(一八二五―二九年)。四八年の大統領選挙で、ホイッグ党候補指名争いに敗れたのを機に政界から引退したが、一年後にケンタッキー州から再度、上院議員に選出された。五〇年の大妥協では重要な役割を演じた。ダニエル・ウェブスター、ジョン・カルフーン(一七八二―一八五〇年)とともに「不滅のトリオ」などと称された。

(26) エイブラハム・リンカーン(一八〇九―六五年)は、イリノイ州選出の下院議員などを経て第十六代大統領(一八六一―六五年)。ケンタッキー州生まれ。もともとは漸進的奴隷廃止論者だったが、米社会で、一八五〇年代、奴隷制拡大派が優勢になると危機感を強め、五四年に奴隷制反対論者が結成した共和党に入党、六〇年の大統領選に立候補して勝利した。南部諸州はこれに反発、十二月には自らを連邦から分離することを決定、六一年二月、「アメリカ連合国」を発足させたため、四月、南北は戦争に突入した。戦争は南部が優勢だったが、リンカーン大統領が六二年九月、「奴隷解放宣言」の予備宣言を発表、六三年一月一日をもって「交戦中の南部諸州の黒人奴隷を無償で、即時解放する」ことを明らかにすると、国際世論も北部の支持に回った。七月のゲティスバーグの戦いで、北軍が勝利、戦局は一気に北部優勢に転じた。十一月、リンカーンはその勝利の地で「人民の、人民による、人民のための政治」という演説を行ったことは有名。六四年に大統領に再選。四月に南軍が降伏し、戦争は終結した。しかし、その直後の四月十四日、熱狂的な南部派の俳優に暗殺された。

た。

(27) ポーランドは、ウィーン体制下、実質的にロシアに支配されていたが、一八六三年一月、ポーランドの民族主義者が蜂起、「臨時国民政府」の設立を宣言、「農民解放令」を発布して、農民に無償で土地を与え、地主には補償を約束した。反乱は十八か月にわたって続いたが、ロシアは鎮圧軍を派遣して弾圧した。

(28) ナポレオン三世(一八〇八―七三年)は、一八四八年の革命後のフランス第二共和政の大統領(五二年まで)、その後、クーデターを起こし、第二帝政の皇帝(一八五二―七〇年)となった。一五年に失脚した皇帝ナポレオン・ボナパルトの甥に当たる。七〇年の普仏戦争で敗れ、プロイセンの捕虜となった。これがきっかけで第二帝政は崩壊し、第三共和政へと移行、現在に至っている。

(29) クリミア戦争(一八五三―五六年)を指している。聖地エルサレムの管理権をトルコに要求して南下を図ったロシアに対してイギリス、フランスなどの連合軍がクリミア半島を舞台に戦った戦争。ロシアが敗れた。オーストリア、プロイセンの調停で締結されたパリ講和条約により、モルドバ、ワラキア、セルビアの自治権が確立、トルコの独立と領土の保全などが定められた。

(30) バーバリーは、エジプト西部から大西洋岸にわたるアフリカ北部の地域。

第3章　アメリカの帝国主義

(1) モンロー・ドクトリンとは、合衆国がヨーロッパ諸国に対して南北アメリカ大陸とヨーロッパ大陸間の相互不干渉を提唱したことを指す。第五代大統領(一八一七―二五年)ジェームズ・モンローが一八二三年、年次教書演説で示した。モンロー宣言と訳されることもある。初代のワシントン大統領は辞任演説で、いかなる国とも「永久的同盟」を結ぶべきではないと戒め、ジェファソン大統領も「紛糾的同盟」は結ばないと表明。つまり、合衆国の中立政策は建国期からのものだったが、モンローはこれを拡張し、北米大陸ばかりでなく南米大陸(つまり西半球)に対する合衆国の排他的な支配権を打ち立てようとした点で新たなものといえる。

(2) ベンジャミン・ディズレーリ(一八〇四―八一年)は、英政治家であると同時に小説家。父親も作家、ユダヤ系でロンドン生まれ。ダービー伯爵内閣で蔵相、その後保守党党首になり、二期にわたって首相（一八六八年、七四―八〇年）を務めた。第二次政権では、労働者の支持を得るため、公衆衛生法や労働組合法など社会政策に力を入れたが、ディズレーリ内閣の特質は、帝国主義の外交政策に現れた。一八七五年、ロスチャイルド家の資本によってスエズ運河会社の株を買い占め、営業権を獲得したのを皮切りにヴィクトリア女王をインド皇帝とし、インド帝国を成立させ、アフガニスタンも保護国化した。さらにロシアとトルコの戦争後、ロシアのバルカンへの南下政策を阻止、キプロスを獲得するなど十九世紀末から帝国主義政策を推進した。

（3）コブデン・ブライト派とは、リチャード・コブデン（一八〇四―六五年）とジョン・ブライト（一八一一―八九年）のふたりの英政治家に代表される自由主義者のなかでも急進派を指す。ナポレオン戦争後の一八一五年に成立した地主や農業資本家の利益を守るための保護貿易政策である穀物法に反対するため、三八年、マンチェスターで反穀物法同盟が結成された。それを主導したのがコブデンとブライトだった。保護貿易の廃止と自由貿易主義への転換を訴え、労働者層の支持を受けて、四六年に穀物法廃止をついに実現した。いわば自由貿易派を総称して、こういう言い方をしている。

（4）一八七〇年の戦争とは、ナポレオン三世率いる第二帝政期のフランスとプロイセン王国との間の戦争（期間は同年七月から七一年五月）。ドイツ連邦諸国もプロイセン側に立って戦ったため、独仏戦争とも呼ばれる。開戦してからすぐにナポレオン三世が十万の将兵とともに捕虜となるなどプロイセン側が圧勝した。プロイセンは統一を完成、ドイツ帝国を宣言した。フランスはアルザス・ロレーヌ地方を割譲、第二帝政が崩壊して第三共和制が成立した。

（5）オットー・ビスマルク（一八一五―九八年）は、独政治家。プロイセン首相として軍備増強を強行、普墺・普仏両戦争を勝利に導き、一八七一年、ドイツ統一を達成し、帝国初代宰相となった。保護関税政策をとって産業を育成し、社会主義運動を弾圧する一方で、社会政策を推進した。ヨーロッパ外交の主導権を握り、フランスを孤立させることに心血を注いだため、鉄血宰相とも呼ばれた。

九〇年、皇帝ヴィルヘルム二世と衝突して、辞任した。

(6) 詳細な説明をするまでもなく、一九一四年の爆発は第一次世界大戦、三九年の大爆発は第二次世界大戦をそれぞれ指している。

(7) 英自然科学者、チャールズ・ダーウィン(一八〇九—八二年)が一八五九年に刊行した『種の起原』で打ち立てた生存競争と自然淘汰を生物進化の要因とする説を指している。ダーウィンの進化論は思想界にも大きな影響を与えた。当時、イギリスは産業革命から百年ほど経過、産業資本主義の発展期にあり、海外市場の獲得や植民地争奪という自由競争が強化されつつあった。ダーウィンは富裕階級の出身で、産業資本家たちの自由で文化的な環境の下、育てられた。こうした社会的条件が彼の進化論を生んだ背景になっている。

(8) マシュー・C・ペリー(一七九四—一八五八年)は、米海軍軍人。幕末の嘉永六年(一八五三年)六月、米海軍東インド艦隊を率いて、鎖国をしていた日本へ来航、開国を要求したことで知られる。ロードアイランド州生まれ。

(9) ボニン諸島とは現在の小笠原諸島を指している。天保元年(一八三〇年)、ナサニエル・セイヴァリーら白人五人とハワイ人二十五人がハワイ王国のオアフ島から父島(別名ピール島)に初めて移住した。嘉永六年(一八五三年)六月、ペリー提督率いる米東インド艦隊が日本に行く途中、父島の二見漁港に寄港。島民に牛、羊のほか野菜の種子などを与え、その代わりに石炭補給用の土地を購入した。また、ピール島植民地規約を制定、自治政府の設置を促した。それを受け、ピール島植民政府が設立され、セイヴァリーが初代首長となった。文久元年(一八六二年)、幕府は、米国から帰国したばかりの咸臨丸を派遣、測量を行うとともに居留外国人らに日本領土であることを宣言した。明治九年(一八七六年)三月、明治政府が日本の領土であることを各国に通告した。

(10) 当時は、フランクリン・ピアース(一八〇四—六九年)が大統領(第十四代、任期は一八五三—五七年)、ウィリアム・マーシー(一七八六—一八五七年)が国務長官(一八五三—五七年)。いずれも民主党。

(11) リチャード・ワーサム・ミード三世(一八三七—九七年)は、南北戦争中の米海軍軍人。ニューヨーク市生まれ。

(12) トゥトゥイラ島(ツツイラ島とも)は、南太平洋のアメリカ領サモアにある島。主都のパゴパゴが置かれており、サモア諸島全体では三番目に大きな島となる。

(13) Land lubbers　海になれていない新米の水夫や経験の浅い船員などを揶揄してこう呼ぶこともある。

(14) アルフレッド・セイヤー・マハン(一八四〇—一九一四年)は、米海軍軍人、海洋戦略の研究者。ニューヨーク州生まれ。海軍大佐で退役し、没後、少将に叙せられた。一八九〇年に発表した『海上権力史論』は有名で、各国で研究された。氏の詳細な経歴は本文参照。

(15) セオドア・ルーズベルト(一八五八—一九一九年)は、米政治家。海軍省次官、ニューヨーク州知事、共和党の第二十五代大統領ウィリアム・マッキンリー政権の副大統領、同大統領が一九〇一年九月に暗殺されたのに伴い第二十六代大統領(一九〇一—〇九年)に昇格した。ニューヨーク州生まれ。米帝国主義政策を積極的に推進した。日露戦争の調停役などを務め、〇六年にノーベル平和賞。〇八年選挙は辞退したが、一二年選挙に革新党を結成して出馬したものの、民主党のウッドロウ・ウィルソンに敗れた。

(16) カール・マルクス(一八一八—八三年)は、独プロイセン王国出身の哲学者、思想家、経済学者、革命家。当初は急進的な共和主義者として活動したが、徐々に社会主義に重心を移し、一八四八年、盟友であるフリードリヒ・エンゲルス(一八二〇—九五年)と共に『共産党宣言』を発表、ドイツの社会主義運動を指導した。その思想は、ヘーゲル哲学から出発し、フォイエルバッハの唯物論、仏初期社会主義、英古典派経済学を批判的に取り込み、独自の史的唯物論・弁証法的階級史観などを体系づけた。英亡命中に書かれた『資本論』(第一部は六七年に発表)は資本主義の矛盾を徹底的に明らかにする「マルクス経済学」の理論を作りだした。自らの科学的社会主義に基づいた理念を第一インターナショナル(国際共産主義運動)の結成などに結びつけ、革命運動の先頭にも立った。

(17) レッセ・フェールは、仏語で、「なすに任せよ」の意味。経済学で用いられる場合には「政府が企業や個人の経済活動に一切干渉せず、市場の働きに任せること」を指す。十八世紀に仏重農主義者や英経済学者のアダム・スミスによって唱えられた。一般的には「自由放任主義」と訳されている。
(18) フォン・ティルピッツ(一八四九—一九三〇年)は、ドイツ帝国の海軍元帥。皇帝ヴィルヘルム二世の信任が厚く、一八九七年から一九一六年まで、海軍大臣として艦隊の増強に努め、ドイツを世界第二の海軍国に育てた。その反面、イギリスとの艦隊競争は、両国の関係を悪化させ、第一次世界大戦の要因のひとつとなった。プロイセン王国ブランデンブルク州生まれ。
(19) エミール・ダニエルズ(一八六三—一九三四年)は、ドイツ人の歴史家。
(20) ジョン・ピアポント・モルガン(一八三七—一九一三年)は、投資家であり、銀行家、米モルガン財閥の創始者。南北戦争では北部のために資金を調達、軍需品を納入するなどして活躍。戦後も金融で財をなした。モルガン財閥はその後、金融のほか鉄道や鉄鋼業などにも進出し発展していった。
(21) ノーマン・エンジェル(一八七二—一九六七年)は、イギリスの作家であり、労働党の国会議員。『大いなる幻影』(一九〇九年)などの作家活動と、国際連盟への支援、国際平和に貢献したことなどで、一九三三年にノーベル平和賞を受賞した。英リンカンシャー州生まれ。
(22) ヘンリー・カボット・ロッジ(一八五〇—一九二四年)は、米政治家。マサチューセッツ州生まれ。連邦下院議員、上院議員を歴任。一九一九年から二四年まで上院外交委員長。初代共和党院内総務。ウィルソン大統領が提唱した国際連盟構想に反対した共和党上院の中心人物だった。
(23) アルバート・J・ベバリッジ(一八六二—一九二七年)は、米政治家。オハイオ州生まれ。インディアナ州選出共和党上院議員(一八九九—一九一一年)を務めた。ロッジと共にもっとも有名な帝国主義者として知られ、フィリピン併合を支持した。
(24) ポピュリストとは、この場合、一八九一年に合衆国で結成された人民党(通称「ポピュリスト党」)の構成員やその支持者を指している。南北戦争後、農民たちは慢性的な農産物価格の下落と生産・流通諸経費の高騰に悩んでいた。七〇年代に入ると、そんな農民たちの連帯と協同組合活動を目的とする農民連合などが設立され、彼らの生活を防衛する役目を担うようになった。そして九〇年代に入ると、彼らの間に共和党と民主党という既存の大政党とは違う第三党を設立し、自らの要求を訴えようとする気運が急速に高まった。そして九一年、オハイオ州で人民党が結成された。同党は翌年、ネブラスカ州で、全国党大会を開き、①鉄道・電信電話の国有化②累進所得税の導入③通貨増発——など急進的な内容を掲げる綱領を採択した。人民党は、計五回、大統領選挙に候補者を立てたが、いずれも敗北した。

(25) 政治の悲劇とは、一九〇一年九月六日、ニューヨーク州バッファローで起きた第二十五代大統領ウィリアム・マッキンリー(一八四三—一九〇一年)暗殺事件を指している。セオドア・ルーズベルトは副大統領で、この事件を機に第二十六代大統領に昇格した。

(26) 一八九八年、キューバを巡って起こった合衆国とスペインの戦争を指している。アメリカ帝国主義の典型的な政策と言える。キューバは、コロンブスがアメリカ大陸を発見して以来、スペイン領として続いていたが、六八年、独立運動が起こった。この独立運動は鎮圧されたものの、九〇年代にはホセ・マルティを指導者とした独立運動が再び活発となり、九五年七月に共和国として独立を宣言。しかし、スペインの弾圧はなおも続いた。合衆国の資本家は、キューバの砂糖資源に投資していたので、それを失うことを恐れ、介入の世論が高まった。九八年、キューバ・ハバナ港で、米軍艦「メイン号」が爆沈して多数のアメリカ兵が犠牲となったメイン号事件が起きると、マッキンリー大統領は直ちにスペインに宣戦した。南アメリカ大陸やフィリピンでスペイン軍と戦闘を繰り広げた結果、わずか四か月で合衆国が勝利した。その結果、パリ講和条約が締結されて、キューバの独立は承認された。合衆国は、フィリピン、プエルトリコ、グアムを領有することとなった。合衆国は海外に殖民地をもつ国家として一躍世界の強国となった。この戦争で、合衆国軍隊がキューバに上陸した地点を、戦後、永久租借とした。キューバが社会主義国となっても、合衆国は返還せず、グアンタナモ基地として使用し続けている。

(27) ジョン・ヘイ(一八三八—一九〇五年)は、米政治家、外交官。一八九八年九月から一九〇五年七月まで、ウィリアム・マッキンリー（第二十五代大統領）とセオドア・ルーズベルト（第二十六第大統領）の両政権で国務長官（一八九八―一九〇五年）を務めた。合衆国は一八九八年、スペインとの戦争に勝利してフィリピンを獲得、そこを足場に中国への進出を企てた。しかし、中国（当時は清国）では英仏独露が相次いで租借地を設けるなど分割が進んでいた。そこでヘイ国務長官は九九年、中国における通商権・関税・鉄道料金・入港税などを平等とし、各国に同等に開放されるべきであると主張。また、この原則に加えて、一九〇〇年、ヘイは中国の領土保全の原則も発表。この三原則からなる合衆国の対中外交原則を「門戸開放政策」という。

(28) ナポレオン戦争でヨーロッパ経済は疲弊し、混乱したが、ヨーロッパと交易を行う植民地構造を依然として引きずっていた合衆国経済も、そのあおりを受けて、初めて平時の金融危機を経験したのが、一八一九年。これをきっかけに、金融と産業が経済社会全体を牽引するようになり、従って合衆国経済も好況と不況を周期的に繰り返す動的性格に変化した。

(29) 自由銀とは、銀貨を自由に鋳造することをいう。十九世紀後半から世紀末にかけて、合衆国では、西部の銀鉱山業者と農民を中心に、政府による銀の大量買上げと銀貨の無制限鋳造を要求する声が強くなった。当時、農民は、慢性的に農村不況に苦しみ、そのほとんどが土地の開拓にからんだ重債務に苦悩していた。このため、彼らは通貨を増発することによるインフレ政策を主張。また、金銀複本位制を主張した彼らは、金本位制に反対、一ドル銀貨鋳造を中止した貨幣鋳造法（一八七三年）を激しく非難した。自由銀論者の勢力は、一八九三年、シャーマン銀買上げ法（九〇年に制定）が廃止されたのを機に、超党派的に拡大強化され、九六年の大統領選挙で、民主党・銀派の指導者、ウィリアム・J・ブライアンが同党の候補者として立候補したことで、最高潮に達した。

(30) プルマン・ストライキは、一八九四年五月から七月にかけて、シカゴ郊外にあるプルマン車両会社で行われたストライキ。前年に起きた経済恐慌の影響で、経営が悪化したプルマン社が、賃金を二五％カットするなど強硬措置に打って出た。これに反発したアメリカ鉄道組合員（ARU）によって、ストライキが始められ、ユージーン・デブズの指導下にプルマン社製車両の牽引拒否に発展、ストライキの影響はアメリカ全土に波及した。グロバー・クリーブランド大統領（一八三七―一九〇八年、任期は一八八五―八九年と九三―九七年の二回）が、治安維持と郵便物遅配防止の見地から、連邦軍を出動させ、鎮圧したため、ストライキは七月中旬に、事実上、終わった。

(31) ユージーン・V・デブス（一八五五―一九二六年）は、米労働運動指導者、社会主義者。インディアナ州生まれ。機関車の機関助士から身を起こして一八八〇年に機関助士組合書記長、同州議会議員を経て、九三年にアメリカ鉄道組合会長に就任した。プルマン・ストライキを指導して投獄された。獄中、カール・マルクスなどの作品を読破したといわれる。九八年、社会民主党（一九〇一年に社会党と改名）を創設。一九〇〇年以降、五回にわたり社会党から大統領選挙に立候補したが、敗れた。しかし、二〇年の選挙では、反戦運動による投獄中に立候補したにもかかわらず、九二万票を獲得したという。

(32) ウィリアム・ジェニングス・ブライアン（一八六〇―一九二五年）は、米政治家、弁護士。イリノイ州生まれ。一八九〇年代の銀本位制運動のリーダーであり、民主党の大統領候補に三回選出されるなど同党の有力者のひとりだった。ウッドロウ・ウィルソン政権で、国務長官（一九一三―一五年）に就任したが、一九一五年、独軍潜水艦が当時世界最大の客船を攻撃、沈没させた事件をめぐり、大統領と意見が対立したため、辞任した。

(33) ワット・タイラー、ジャック・ケイド、ダニエル・シェイズ、マラー――タイラー（生年不詳―一三八一年）は、英イングランドの農夫で、一三八一年に起きた農民反乱の指導者。国王リチャード二世に農奴制の即時撤廃などを認めさせた。ケイド（生年不詳―一四五〇年）は国王ヘンリー六世に叛旗を翻し、国王の軍隊を打ち破った。シェイズ（一七四七―一八二五年）は、一七八六年に米マサチューセッツ州で起こった反乱の主導者。ジャン＝ポール・マラー（一七四三―九三年）は、フランス革命の指導者のひとり。革命後、山岳派（革命期最大の政治結社であったジャコバン派を土台とする左翼勢力）に加わり、恐怖政治を推進した。四人はいずれも急進派であり、武闘派であった。

(34) マーク・ハンナ（一八三七―一九〇四年）は、米実業家、政治家。オハイオ州生まれ。同州選出の上院議員、共和党全国委員会議長を歴任。一八九六年と一九〇〇年選挙において、ウィリアム・マッキンリー大統領の当選に貢献した。

(35) 一八九五年から九六年にかけて起きた南米北東部の英領ギアナ（ガイアナ）とベネズエラとの間の国境紛争を指している。クリーブランド大統領は武力を使ってでもイギリスに対抗すべきという断固たる態度をとり、結果として、イギリスは国際調停に委ねることを受け入れた。その後、二年間にわたり、英米露からなる調停団が調査した結果、係争となっている国境地帯の九四%をギアナに帰属させた。ベネズエラはオリノコ河口を得た。

(36) スペインとの戦争で、キューバから同国を駆逐した合衆国は、キューバを文明化するという口実で、一八九九年から軍事占領し、衛生・教育・交通などを整備、経済的な関係を強めた。スペインとの戦争を指導したのは、保守党のマッキンリー大統領だったが、二期目に入って彼が暗殺されてしまい、彼の路線を受け継いだのが、副大統領のセオドア・ルーズベルト大統領だった。彼もまた、カリブ海政策を推進、キューバに強要して、憲法に「プラット条項（米政府のキューバへの介入する権利と米海軍基地に必要な土地を売却または貸与することを規定）」を加えさせて、事実上、合衆国の保護国としたうえで、一九〇二年五月に独立を認めた。

(37) エジプト西部から大西洋岸にわたるアフリカ北部地域を指す。海賊が横行していた。

(38) モロッコ北端、ジブラルタル海峡に臨む港湾都市「タンジェ」の英語表記。

(39) タイラー・デネット（一八八三―一九四九年）は、米歴史家。ウィスコンシン州生まれ。『ジョン・ヘイ　詩から政治に』という作品で、一九三四年、ピュリッツァー賞（伝記部門）。ジョンズ・ホプキンス大学、コロンビア大学などで教鞭をとった。

(40) ウィリアム・タフト（一八五七―一九三〇年）は、第二十七代大統領（一九〇九―一三年）。大統領退任後に、最高裁長官（一九二一―三〇年）に就任した。オハイオ州生まれ。共和党。「弾丸に代えてドルで」という外交政策を推進。それは経済力によって南米や東アジアでの支配権の確立を目指したものだったが、列強の反発を招いた。

(41) 十九世紀末、大西洋と地中海に面した北アフリカのモロッコは、イギリス、フランス、スペインにとって帝国主義的膨張政策の格好の標的となっていた。一九〇五年春、ドイツ皇帝ヴィルヘルム二世が、ジブラルタル海峡に面しているモロッコ北端の港湾都市タンジールを訪問、モロッコの領土保全と門戸開放を表明したため、国際紛争が生じた。これを解決するためにスペイン・アルヘシラスで国際会議が開催され、独仏をはじめ欧米十三か国が参加した。会議ではモロッコの治安や財政改革を巡って独仏が鋭く対立、幾たびか、決裂の危機に直面した。しかし、英、伊、米、露が仏を支持、独を支持したのはオーストリア・ハンガリー帝国だけだった。このため最終的に独が譲歩、議定書が締結された。それにはモロッコの独立と領土の保全、門戸開放、経済利権に関する各国の機会均等が明記され、仏の優位が後退したかに見えた。だが、同時に仏が他国よりも多く出資する国立銀行の設立が約束されるとともに治安維持のための指揮権も仏、スペインのみに付与された。これによりモロッコは事実上、仏とスペインの勢力圏に組み込まれることとなった。

(42) フィランダー・ノックス(一八五三—一九二一年)は、タフト政権とウィルソン政権で国務長官(一九〇九—一三年)。ペンシルベニア州生まれ。タフト政権でドル外交を推進、一九〇九年、中国では日露が分割・支配する全満州の鉄道を清朝に譲渡、列強の権益争いから中立化することを提案したが、日露が反発、英仏も米にくみしなかったために失敗に終わったばかりか、日米の対立を深める一因となった。その後も、米国の動きは執拗で、今度は英仏独米四か国による借款団を形成、一一年、清国政府との間で幣制改革などのための借款協定を結んだ。しかし、まもなく、辛亥革命が起こって、この借款はほとんど実行されなかった。

(43) フランクリン・デラノ・ルーズベルト(一八八二—一九四五年)は、第三十二代米大統領(一九三三—四五年)。ニューヨーク市生まれ。民主党。同州選出の上院議員、海軍次官、同州知事などを歴任。大恐慌下の一九三三年に大統領に就任すると、ニュー・ディールと呼ばれる恐慌対策に着手、景気回復に努め、種々の社会改革をも推進した。第二次世界大戦の勃発後は、連合国側の支援に乗り出し、四一年に参戦。強力な指導力を発揮しつつ、ソ連との協調を重視した戦後の平和構想の立案に尽力した。

(44) ジョン・バセット・ムーア(一八六〇―一九四七年)は、米外交官。デラウェア州生まれ。米西戦争時に国務次官補を務めた。合衆国の国際法の権威で、一八九一年にコロンビア大学で国際法の初代正教授となった。オランダ・ハーグに設置された常設仲裁裁判所や常設国際司法裁判所で裁判官を務めた。

(45) スペイン継承戦争は、一七〇一年から一四年まで、スペイン王位の継承者をめぐって、対抗関係にあったフランスとイギリスを主軸としてヨーロッパ諸国間で行われた戦争。七年戦争は、五六年から六三年まで、プロイセン王国とオーストリアの対立を軸に全ヨーロッパに広がった。ナポレオン戦争は、九六年から一八一五年まで、フランスのナポレオン・ボナパルトが引き起こした戦争。フランス革命を外国の干渉から守る革命防衛戦争として始まったが、次第に侵略戦争へ、と拡大していった。

(46) デューイ提督とは、ジョージ・デューイ(一八三七―一九一七年)。米海軍軍人。一八九七年、セオドア・ルーズベルトらの推挙で、アジア艦隊司令官として極東アジアに派遣。九八年に長崎、横浜に寄港後、米西戦争が勃発すると、艦隊を率いてフィリピンに向かい、マニラ湾でスペイン艦隊を撃破した。フィリピン独立運動の指導者アギナルドを援助した。フィリピン領有後、フィリピン群島調査のために派遣されたシュアーマン委員会に参加、海軍提督となり、帰国。一九〇〇年に米海軍作戦局長。米海軍史上で唯一、海軍大元帥の称号を与えられた。バーモント州生まれ。

(47) ネルソン提督とは、ホレーショ・ネルソン(一七五八―一八〇五年)。アメリカ独立戦争、ナポレオン戦争で活躍したイギリス海軍提督。一八〇五年十月、スペインのトラファルガー岬沖で、フランス海軍を打ち破り、ナポレオンの英本土上陸の野望を粉砕したことで有名。

(48) ウェリントン将軍とは、正しくは初代英ウェリントン公爵アーサー・ウェルズリー(一七六九―一八五二年)を指す。一八一五年六月、連合軍を率いて、ベルギー・ワーテルローの戦いで、ナポレオンの仏軍を破り、ナポレオン戦争を終結に導いた。

(49) マルヌの戦いとは、第一次大戦初期の一九一四年九月、ベルギーを突破して北フランスに進攻したドイツ軍を、英仏連合軍がパリ東方のマルヌ川河畔で撃退した戦い。これにより戦争は長期化した。

(50) 弩級戦艦とは、一九〇六年に進水したイギリス海軍の戦艦「ドレッドノート」(排水量一万七九〇〇トン)は、単一口径巨砲による武装と、蒸気タービンを採用、出力を従来の二倍程度に高めた高速戦艦として、世界に大きな衝撃をもたらした。それ以後の戦艦のタイプを、普通名詞として「ドレッドノート」、それ以前のものを「プレ・ドレッドノート」と呼ぶようになった。日本語では略してそれぞれ「弩級戦艦(弩級艦)」、「前弩級戦艦(前弩級艦)」と呼ぶが、この「弩」は、ドレッドノートの頭の音をとった当て字であり、意味はない。

(51) ユトランド沖海戦とは、第一次大戦中の一九一六年五月三十一日から六月一日にかけ、デンマーク・ユトランド半島沖の北海で、ドイツ海軍とイギリス海軍の間で行われた艦隊同士による第一次世界大戦最大の海戦。双方の死者は八千五百人以上に達し、沈没した艦船の総トン数は十七万トン以上になったといわれる。

(52) ガリポリの戦いとは、第一次大戦中の一九一五年四月から翌年の一月にかけて、連合軍がドイツの同盟国オスマントルコを経由してロシアと連絡をはかるため、トルコのガリポリ半島に進攻した戦闘を指す。英仏軍は世界で初の大規模上陸作戦を断行したが、失敗、英仏軍とトルコ軍双方ともに多数の戦死者を出した。作戦を立案したのは海軍大臣ウィンストン・チャーチル(後に首相)といわれるが、作戦が失敗に終わったため、その後、失脚した。勝利したトルコ軍のケマル・パシャ大佐は英雄となって、トルコを建国した。

(53) ウィリアム・リーヒ(一八七五―一九五九年)提督を指している。プエルトリコ総督や駐仏大使などを歴任。一九四二年、フランクリン・ルーズベルト大統領が合衆国軍最高司令官(大統領)付参謀長に任命、トルーマン大統領の下でも、同じ職を務めた。アイオワ州生まれ。

第4章　国際主義の政策

(1) アメリカ独立戦争を指している。

（2）シュリーとは、仏政治家のシュリー公マクシミリアン・ド・ベテュヌ（一五五九―一六四一年）。仏国王アンリ四世（一五五三―一六一〇年）の補佐役を務め、十六世紀後半の四十年間にわたって繰り広げられた「ユグノー戦争（カトリックとプロテスタントの間の戦争）」を終結させた。ウィリアム・ペン（一六四四―一七一八年）は英貴族、一六八一年、英国王チャールズ二世の特許状を得て、現在のペンシルベニア州に植民地を開いた。熱心なクェーカー教徒で、国家による宗教の強制を嫌い、住民への信仰の自由と経済活動の自由を認め、みずから先頭に立って開拓にあたった。ドイツやオランダなどからプロテスタント系移民が多く入植、インディアンに対しても、同等の人間として接し、暴力で土地を奪うことはなかった。彼が建設した同州都フィラデルフィアの名前は「友愛」という意味のギリシア語にちなんでいる。サン・ピエール（一六五八―一七四三年）はフランスの聖職者・外交官・作家。スペイン継承戦争を終結させるためのユトレヒト会議に出席したのを契機に『永久平和の草案』全三巻を書き、自然法だけでなく、実定法たる国際法によって、列国君主による国際平和機構の設立、国際裁判所の設置、国際軍の設立、戦争放棄などを主張、ルソーやカントなどの平和思想に大きな影響を与えた。イマヌエル・カント（一七二四―一八〇四年）は、ドイツの哲学者で、ドイツ観念論哲学の祖。『純粋理性批判』などの三批判書を発表、批判哲学を提唱した。晩年の一七九五年『永遠平和のために――哲学的考察』という本を著した。

（3）ヴィクトリア時代とは、イギリスのヴィクトリア女王の治世（一八三七―一九〇一年）期間を指す。当時のイギリスは「世界の工場」として繁栄、世界で圧倒的に優位に立ち、自由主義も発展した時代である。

（4）一八九九年にオランダ・ハーグで開催された第一回万国平和会議を指す。この会議を提唱したのはロシア皇帝ニコライ二世で、二十八か国が参加した。帝国主義国家の武力衝突を回避するための恒久的協力体制を設けることには失敗したものの、戦時国際法として、交戦者の資格、捕虜の取り扱いなどを規定したハーグ陸戦条約、毒ガス禁止、国際仲裁裁判所の設立で合意、戦争を一定程度、制限する国際法規が生まれた。一九〇七年には同じハーグで四十七か国が参加して第二回が開催された。日露戦争の調停を成功させたセオドア・ルーズベルト米大統領が会合を主導したが、各国の軍縮については合意に至らず、実質的な成果は得られなかった。一五年に開催予定の第三回会合は第一次世界大戦の勃発で実現しなかった。

（5）アンドリュー・カーネギー（一八三五―一九一九年）は、英スコットランド生まれの米実業家。一八四八年に両親とともに米移住。七〇年代にピッツバーグで、カーネギー鉄鋼会社を設立、九〇年代には世界でトップクラスの収益を上げた。「鉄鋼王」とも称され、ジョン・ロックフェラーに次ぐ史上二番目の富豪とされている。

（6）エリフ・ルート（一八四五―一九三七年）は、マッキンリー政権とセオドア・ルーズベルト政権下の一八九九年から一九〇四年まで陸軍長官。ルーズベルト政権の〇五年、国務長官（〇九年まで）。〇八年、日本の高平小五郎駐米大使と交渉、日本の満州権益を認める「高平・ルート協定」を締結した。常設国際司法裁判所の設立に尽力するなどしたため一二年、ノーベル平和賞。一〇年から二五年までカーネギー国際平和基金の初代会長。

ニューヨーク州生まれ。ジョージ・W・パーキンス（一八六二―一九二〇年）は、進歩主義の実業家、政治家。セオドア・ルーズベルトが一二年に設立した進歩党にも深く関与、幹事長などを務めた。イリノイ州生まれ。ジョセフ・H・チョート（一八三二―一九一七年）は弁護士、一八九九年から一九〇五年まで、ウィリアム・マッキンリー政権とルーズベルト政権下で駐英米大使。マサチューセッツ州生まれ。クリーブランド・H・ドッジ（一八六〇―一九二六年）は、実業家で慈善家。ウッドロウ・ウィルソン（後に第二十八米大統領）がプリンストン大学の学長時代、管財人となって、彼の大学改革を支援するとともに大統領選挙でも最大の財政支援者となった。ニューヨーク市生まれ。ジョン・シャープ・ウィリアムズ（一八五四―一九三二年）は、米上下両院議員、民主党下院院内総務（一九〇三―〇八年）。テネシー州生まれ。ニコラス・M・バトラー（一八六二―一九四七年）は米哲学者、コロンビア大学の学長（一九〇二―四五年）、パリ不戦条約の締結を促進した功績を認められ、三一年にノーベル平和賞。ニュージャージー州生まれ。アンドリュー・D・ホワイト（一八三二―一九一八年）は、米歴史家、外交官、一八六五年、コーネル大学を共同創設し初代学長（八五年まで）。その後、ドイツやロシアの米大使を務めた。ニューヨーク州生まれ。

（7）貴族階級を指している。元はドイツの若い貴族を指すドイツ語に由来し、近代に入ってからはエルベ川東方の地主貴族を指す。大農場を経営するとともに高級官僚や上級軍人を輩出、プロシアの支配階級となった。保守的で、反自由主義的であったという。ここでは社会的に地位の高い人々を含む、貴族的な人々程度の意味。

（8）ハーバート・スペンサー（一八二〇―一九〇三年）は英哲学者、社会学者。社会進化論の立場に立ち、全十巻からなる大著『総合哲学』（"The Synthetic Philosophy"）で、広範な知識体系としての哲学を構想した。日本では板垣退助らの自由民権運動に影響を及ぼした。英経済誌『エコノミスト』の副編集長などを歴任している。

（9）ヘンリー・アダムズ（一八三八―一九一八年）は、米歴史家、作家。第二代大統領ジョン・アダムズと第六代大統領ジョン・クィンシー・アダムズを輩出した米政界でも屈指の名門アダムズ一家の出身。マサチューセッツ州生まれ。没後の一九一九年、『ヘンリー・アダムズの教育』（日本語訳は刈田元司訳、八潮出版社、一九七一年）がピュリッツァー賞を受賞した。

（10）現在の英保守党の前身。

（11）ヘンリー・ジョン・テンプル・パーマストン（一七八四―一八六五年）は英政治家。元々はトーリー党だったが、一八二九年にホイッグ党に移り、翌年から長年にわたって外相を務めた。十九世紀中頃のイギリス自由主義外交の指導者として知られる。ホイッグ党は三〇年頃から自由党と呼ばれるようになり（正式改組は五九年）、産業ブルジョワジーの利益を代表する自由主義の政策を主に主張した。パーマストンは五五年、同党初の首相に就任、都合二期務めた（第一期は五五―五八年、第二期は五九―六五年）。ジョン・ラッセル（一七九二―一八七八年）も英政治家。ホイッグ党党首となり、四六年に首相。その後、パーマストンと対立、党内が分裂したため、五二年に総辞職した。その後、パーマストンらと和解、第二次パーマストン内閣に外相として入閣、パーマストンが六五年に死去すると、党首と首相に返り咲いた。

彼らが活躍した時代は、ヴィクトリア女王が統治していた時代で、産業革命による経済の発展時期であった。ヨーロッパも、イギリスの覇権下にあって、パクス・ブリタニカ（イギリスによる平和）と呼ばれていた。

（12）平和強制連盟とは、一九一五年六月、和平を促進するために米フィラデルフィアで設置された市民組織。会長にはウィリアム・タフト元大統領が就任した。戦争に反対し、それを封じ込めるための国際機関の設立を求めた。創設者には、セオドア・ルーズベルト政権のエリフ・ルート元国務長官や実業家のアレクサンダー・グラハムなど政財界の要人たちも名を連ねた。

（13）ジェーン・アダムズ（一八六〇—一九三五年）は、アメリカの女性平和運動家。一九三一年に、貧しい人々に対する支援、平和主義や社会改革運動が認められ、アメリカ人女性として初めてノーベル平和賞を受賞。イリノイ州生まれ。デービッド・スター・ジョーダン（一八五一—一九三一年）も、平和活動家。魚類学者でもあり、インディアナ大学やスタンフォード大学で学長を務めた。合衆国のフィリピン併合に反対して結成された有力知識人からなるアメリカ反帝国主義連盟という政治団体のメンバーでもあった。ニューヨーク州生まれ。

（14）ウッドロウ・ウィルソン（一八五六—一九二四年）は、第二十八代合衆国大統領。プリンストン大学長。「戦争を終わらせるための戦争」として第一次世界大戦への参戦を決断。戦争末期には「十四か条の平和原則」を発表、パリ講和会議を主宰した。その功績で一九一九年にノーベル平和賞を受賞。バージニア州生まれ。

（15）ウィルソン大統領の十四か条の平和原則は以下の通り。①講和交渉の公開・秘密外交の廃止②海洋の自由③関税障壁の撤廃④軍縮⑤植民地問題の公正な処置⑥ロシアからの撤兵とロシアの政体の自由選択⑦ベルギーの主権回復⑧アルザス・ロレーヌのフランスへの返還⑨イタリア国境の再調整⑩オーストリア・ハンガリー帝国内の民族自治⑪バルカン諸国の独立保障⑫オスマントルコ帝国支配下の民族の自治保障⑬ポーランドの独立⑭国際平和機構の設立。

（16）神聖同盟に関しては第2章の訳注（14）を参照。

（17）ブレストリトフスク条約は、第一次世界大戦中の一九一八年三月三日、ドイツ、オーストリア・ハンガリーなどの同盟国側とロシアのソヴィエト政権との間で結ばれた単独講和条約。ロシアは、ポーランド、エストニア、ラトビア、リトアニアのバルト海に面した三国の諸地方を放棄、フィンランドからも撤退、ウクライナの独立を認めるなどした。ロシアが喪失した領土は、約三百二十万平方キロに及んだという。最大の穀倉地帯や石炭・鉄・石油などの近代工業の中心地も失うなど、ロシアにとっては過酷なものだった。

(18) 一九一八年、ウッドロウ・ウィルソン大統領の理想(公正な平和の達成)を支持するためにニューヨークで民間人らの手によって設立されたシンクタンク。国際問題の現状分析と世論の啓発に主眼が置かれた。欧米の有力な政治家らも名を連ねた。

(19) 一九二一年に設立されたシンクタンク。外交誌『フォーリン・アフェアーズ』の刊行で知られている。ウィルソン大統領の外交ブレーンだったエドワード・マンデル・ハウス大佐が主宰した「大調査」グループがその起源とされる。

(20) カインは、旧約聖書『創世記』第四章に記されているアダムとイブの長男。カインは農耕に従事していた。ある日、ヤハウェ(預言者モーセに掲示されたイスラエルの神の名)がカインの捧げた穀物の供物よりも、牧畜を営む弟アベルの捧げた羊の供物を喜んだことをねたんで、カインはアベルを殺害した。この罪で、カインは神によりエデンの東のノドの地に追放されたという。

(21) クィンシー・ライト(一八九〇—一九七〇年)は、国際法の専門家で、シカゴ大学教授。マサチューセッツ州生まれ。

(22) ジョージ・ノーリン(一八七一—一九四二年)はアメリカの哲学者、文学者。コロラド大学学長などを歴任。カンザス州生まれ。

(23) ジョン・B・ホイットトン(一八九二—一九七七年)はプリンストン大学教授などを歴任。専門は国際法。カリフォルニア州生まれ。

(24) トーマス・ジェファソンを指している。第二章の訳注(6)を参照。

(25) ハーバート・クラーク・フーバー(一八七四—一九六四年)は、第三十一代の米大統領(一九二九—三三年)。アイオワ州生まれ。鉱山技師として清国で鉱山の開発に従事。一九〇〇年の義和団事件に遭遇、天津疎開で包囲された経験も。ウォーレン・ハーディング政権下で商務長官（一九二一―二八年）も歴任した。共和党。

(26)ハリー・ギデオンズ（一九〇一―八五年）は、オランダ生まれの米経済学者。シカゴ大学やコロンビア大学で教鞭に立ち、一九三九年から六六年まで、ニューヨーク市立大学ブルックリン校の学長を務めた。

(27)ウォルター・リップマン（一八八九―一九七四年）は、アメリカのジャーナリスト。雑誌『ニュー・リパブリック』の創刊に携わった。第一次大戦中は情報将校として渡仏、対独宣伝ビラを作成したほか、ウィルソン大統領の「十四か条の原則」の原案作成にも加わった。戦後は『ニューヨーク・ワールド』『ニューヨーク・ヘラルド・トリビューン』紙で論説委員やコラムニストを歴任。第二次大戦後、米社会に暗い影を落としたマッカーシズムやベトナム戦争も批判、ジョンソン政権と「リップマン戦争」と呼ばれる激しい論争を起こしたことでも有名である。ニューヨーク州生まれ。

(28)ウィリアム・ランドルフ・ハースト（一八六三―一九五一年）は、全米各地の新聞やテレビ、出版社を多数、傘下に置いている米メディア・コングロマリットのハースト・コーポレーションの創業者。新聞王と呼ばれた。カリフォルニア州生まれ。

(29)第一次世界大戦後に行われた一九二〇年の米大統領選挙は、戦時の好景気はすでに崩壊、鉄鋼業などで大規模なストライキが多発し、海外でも、革命が起きるなど内外ともに不穏な情勢下で戦われた。戦時中、国民を熱狂させたウィルソンの国際主義的政策にも反発が強まり、「いつもに戻ろう」（A return to normalcy）をキャッチフレーズに戦った共和党のウォーレン・ハーディングがウィルソンの後継者である民主党候補を圧倒した。

(30)カルヴィン・クーリッジ（一八七二―一九三三年）は、ハーディング政権下で副大統領を経て、第三十代大統領（一九二三年八月―二九年三月）。バーモント州生まれ。弁護士、マサチューセッツ州知事も歴任した。共和党。

(31)フランク・ケロッグ（一八五六―一九三七年）は、政治家。ニューヨーク州生まれだが、一八六五年にミネソタ州に移住。同州上院議員を一九一七年から二三年まで務めた。その後、駐英米国大使などを経て、クーリッジ政権の国務長官に就任した。
(32) ケロッグ・ブリアン条約は、一九二八年に締結されたパリ不戦条約を指している。国際紛争を解決する手段としての戦争を放棄し、紛争を平和的手段で解決することを規定した。最初、米仏外交当局の協議から始まり、多国間協議に広がっていったことから、米国務長官フランク・ケロッグと仏外相アリスティード・ブリアンの名をとって、ケロッグ・ブリアン条約とも呼ばれている。
(33) ワシントン会議は、一九二一年十一月から翌年の二月まで、米ワシントンで開催された海軍軍備制限および太平洋・極東問題に関する国際会議で、①海軍軍備制限条約(英米日仏伊の海軍主力艦の保有比率を5:5:3:1・67:1・67に制限)②九か国条約(中国の主権尊重・領土保全を確認)③四か国条約(米英日伊は太平洋の島々の分割競争を棚上げにし、現状維持を確約)の三条約が調印された。特に③では日露戦争以来、日本が外交政策の基軸としてきた日英同盟の破棄が盛り込まれた。
(34) ハーバート・ジョージ・ウェルズ(一八六六—一九四六年)は、英ケント州生まれの作家、思想家。主な作品は『タイムマシン』『モロー博士の島』『透明人間』『宇宙戦争』などで「サイエンス・フィクション(SF)の父」とも言われている。第一次大戦後、戦争を根絶するために国際連盟の樹立を提唱、ワシントン会議に出席した。
(35) ウィリアム・ジェニングス・ブライアン(一八六〇—一九二五年)は、米政治家。ウッドロウ・ウィルソン政権下で国務長官(一九一三年三月—一五年六月)。彼が長年、主張してきた社会改革路線(所得税累進課税の採用、婦人参政権など)のいくつかはウィルソン政権下で達成された。イリノイ州生まれ。
(36) 参考までに、昭和十六(一九四一)年の日米開戦前に出された本書の日本語訳では、この部分が「……日本は一時的に譲歩を余儀なくされ、その主張を隠蔽せざるを得なくなった」とされている。だが、原書の表記は"……Japan was forced to slow down temporarily and conceal her defeat"とある。出版の検閲が厳しかった当時にあって、本書は、奇跡的と言って良いほどにほぼ原書通りに翻訳がなされているが、一部黒塗りのほか誤訳とまでは言えないまでも、こうした意図的な"訳違い"があったことを指摘しておく。

(37) ジュネーブ海軍軍縮会議は、一九二七年六月から八月まで、スイスのジュネーブで、開催された。巡洋艦や潜水艦などの補助艦にも、建造および保有制限を拡大することを目的としたが、イギリスとアメリカがまず、その方法論において対立、両国の主張は最後まで平行線をたどり、そのあおりを受けて、会議は結局、決裂してしまった。

(38) 正式な代表資格はなく、採決にも加われない立会人程度の意味。

(39) W・B・シェアラーのスキャンダルとは、米鉄鋼業と造船業界のロビイストだったシェアラー氏が、海軍軍縮条約の締結で、軍艦製造が制限されることを恐れた両業界のために政治家らに働きかけた事件。

(40) ジェームズ・T・ショットウェル(一八七四―一九六五年)は、カナダ・オンタリオ州生まれ。コロンビア大学で教鞭をとった歴史学者。第一次世界大戦後、ウィルソン大統領の顧問団に入り、パリの平和会議に出席、国際労働機関(ILO)の創設などに貢献した。サルモン・O・レビンソン(一八六五―一九四一年)は、弁護士。平和運動の活動家であり、パリ不戦条約の草案作成に貢献した。

(41) ポール・クローデル(一八六八―一九五五年)は、北フランスで生まれた劇作家、詩人、外交官。カトリック信仰に根ざした数々の作品を残している。一八九〇年に外交官試験に主席で合格、ニューヨーク副領事などを経て、一九二一年に駐日仏大使として数年間、日本に滞在した。その後、二七年に駐米大使に就任している。

(42)「千丈の堤も蟻の一穴から」とは、蟻が堤防に作ったほんの小さな穴であっても放置してしまうと大きくなり、ついには頑丈な堤防をも崩してしまうことがあることから、ほんのわずかな不注意や油断から大きな失敗や損害に至るとのたとえである。原文では"a rift in the lute"となっている。直訳すると、リュート(ギターに似た楽器)の亀裂という意味だが、意訳して「千丈の蟻……」とした。

(43) 不戦条約の付随条件と制約とは、合衆国が条約締結に際してつけた条件を指す。それは、この条約は「いかなる点においても自衛権の制限、もしくは毀損を意味してはいない。この権利は、各主権国家に固有のものであり、あらゆる条約に事実上含まれている」として自衛のための戦争は可能との道を残したことである。また、不戦条約には「侵略」をどこが認定するのか、その規定もなく、「条約違反に対する制裁」についても触れられていなかった。このため、単に理念的規範を表明したものにすぎないと考えられた。結局、条約は第二次世界大戦の勃発を防げなかった。

(44) 十九世紀末のスペインとの戦争に勝利し、キューバを植民地化した合衆国は、中米やカリブ海において支配権を一段と強める外交を行うようになった。このため、自らの権益を保持するために度々、武力介入を行った。いわゆる「バナナ戦争」でニカラグアなどを占領した際には主として海兵隊が投入された。こうした強圧的な姿勢は「棍棒外交」と批判された。一九三三年、フランクリン・ルーズベルト大統領が「善隣外交」を唱え、それまでの中米・カリブ海政策を改め、友好的な政策に転換した。

(45) ロシア帝国が中国東北部（満州）に建設した鉄道。現在の中国長春鉄路。中東（中国東北）鉄道とも称した。ロシアは、三国干渉で、日本から遼東半島を還付させた見返りとして一八九六年、北満州を横断してシベリア鉄道とウラジオストクを結ぶ敷設権を獲得した。九八年に着工。また、同年、「ハルビン―旅順」間（南部線）の敷設権も獲得、一九〇三年から営業運転が開始された。

(46) 九か国条約を指す。原文では、強調のためか、この部分が大文字で表記されている。訳文では、それを太字で処理した。

(47) 昭和十六（一九四一）年に刊行された本書の最初の翻訳『アメリカの外交政策』（早坂二郎訳、岡倉書房）では、この部分（日本語訳版の一八四ページ七、八行目）の「軍閥が〜文民統制を転覆した後は」までが伏せ字となっている。検閲が通らなかったものとみられる。

(48) ヘンリー・ルイス・スティムソン（一八六七―一九五〇年）は、米政治家、弁護士。ニューヨーク市生まれ。タフト政権で陸軍長官（一九一一―一三年）、フーバー政権で国務長官（一九二九―三三年）。一九三二年、日本の満州侵略に対して「侵略による征服を承認しない」とするドクトリンを発表した。保守的な共和党員だったが、第二次世界大戦が勃発した後の四〇年七月、民主党のフランクリン・ルーズベルト政権に陸軍長官として迎え入れられた（四五年九月まで）。ルーズベルトの信頼が厚い重要閣僚だった。

(49) ロンドン会議は一九三〇年一月から四月まで開催された海軍軍縮会議。ワシントン海軍軍備制限条約の期限が切れたため、その更新と、巡洋艦、駆逐艦、潜水艦の、いわゆる補助艦の保有制限問題についても協議するため、英・米・仏・日・伊の五か国が参加した。これに先立つ二七年にジュネーブでも海軍軍縮会議が開催されていたが、仏伊が参加を拒否、英と米の意見も対立したため、失敗していた。このため、改めて話し合うこととなったのがロンドン会議だ。しかし、同会議でも、補助艦の制限問題で、英と仏伊が対立、仏伊両国は途中で脱落するなど交渉は難航。そこで、主力艦と補助艦の制限を切り離し、日米英の三か国間で新たな協定が結ばれた。それによると、補助艦の保有比率は、米と英の10に対して日が6・97となった。主力艦については五か国間で建造停止を五年間（三六年まで）延長することで合意。また、米英日の三か国間で主力艦をそれぞれ一五隻、一五隻、九隻に削減することでも合意した。条約の有効期限はいずれも三六年まで。

(50) チャールズ・エドワード・カフリン（一八九一―一九七九年）は、米カトリック教会司祭。カナダ・オンタリオ州で生まれた。ラジオに出演し、反共主義や反ユダヤ主義を唱えた。

(51) 新聞王と呼ばれたウィリアム・ランドルフ・ハーストが率いたメディア・コングロマリット傘下の新聞各紙を指している。

(52) ジュネーブ軍縮会議は、一九三二年から三四年にかけて、ジュネーブで開催された国際会議。国際連盟が連盟規約に基づいて主催し、米ソなど六十四か国が参加した。ドイツの軍縮をめぐって協議は当初から難航したが、その間に世界は激動した。まず、三三年一月にドイツでヒトラー内閣が誕生、七月までに一党独裁体制を作り上げ、再軍備の準備に入った。日本は三月、リットン調査団の報告に基づいて国際連盟が満州事変を侵略と認定したことに反発、連盟を脱退。このような情勢の中、ジュネーブ軍縮会議は九月に、英米仏伊の共同提案で、まず四年間はドイツの軍備拡張を禁止、次の四年間で他の諸国間の軍縮を開始するとして提案したが、ヒトラーは不平等の強制であるとして十月十四日に、ジュネーブ軍縮会議と国際連盟からの脱退を通告した。こうしてジュネーブ軍縮会議は何らの成果も得ず、三四年五月に閉幕した。

(53) ナイ委員会とは、一九三四年四月に米上院で発足した委員会。ジェラルド・ナイ(一八九二―一九七一年、共和党)上院議員が委員長を務めた。正式には「軍需産業調査特別委員会」。三五年に公刊された報告書は、第一次大戦中に一部の軍需産業や金融業者が戦争によって巨額の利益を受けたことを暴露するとともに、大戦に参戦したのは、彼らの圧力と策動によるものだ、との印象を与えたといわれる。必ずしも、決定的な証拠が提示されたわけではなかったが、この調査結果は、国内の孤立主義的感情を高め、中立法制定への気運を形成することになった。

(54) コーデル・ハル(一八七一―一九五五年)は、下院議員、上院議員などを経て、フランクリン・ルーズベルト政権で一九三三年から四四年まで国務長官を務めた。テネシー州生まれ。

(55) ブーツ・ストラップとは、編み上げ靴の上端に付いているつまみ皮で、ブーツを履くときにはこれを強く、引っ張り上げる。このことから他人の力を借りないで自分の力だけでやろうとすることの意味。ここでは他国の力を借りずに、自力だけで不況に対応しようとすることの愚を指摘している。

(56) バランスシートとは貸借対照表を指す。企業会計の業績を示す重要な資料のひとつだ。通常、左側は「資産部門」、右側は「負債部門」を記載し、それぞれどの程度、増減したのかを見やすい形で表している。ここでは会計上の、そうしたやり方を踏まえて、左側に小紛争を解決した国連の行動(資産部門)、右側には軍縮会議が失敗(負債部門)したことなどを対照的に明記している。

(57) この年、ヒトラーがヴェルサイユ体制の打破、ユダヤ人の排斥などを掲げてナチス党を指導し、国民的な支持を受けて政権を獲得した。満州事変の取り扱いに不満を持った日本が国連脱退を表明したのもこの年のことである。また、一九二九年の世界大恐慌に端を発した世界経済危機は依然として、出口が見えなかった。

(58) バーター制とは、それぞれの国が必要とする物を交換する制度といった程度の意味合い。

(59) 合衆国輸出入銀行は一九三四年二月にフランク

リン・ルーズベルト政権によって設立された輸出信用機関。本部は首都ワシントンにある。

(60) 金本位制は、金を本位通貨として紙幣（お札）価値の安定を図る通貨制度。金本位制下で発行される紙幣は、各国中央銀行が発行する銀行券で、中央銀行が保有する金貨や金塊と引き替えに発行される兌換紙幣（金と交換できるという意味）である。紙切れにすぎない紙幣が信用される根拠は本来、この金本位制の兌換制度にあった。このため金本位制度下では各国の紙幣量は金保有量に制約される。また、輸出入の決済差額は金で支払われ、調節されることになっていた。貿易が赤字になると、つまり輸入が輸出を上回ると、金が国外に出て行くことになる。その結果として国内通貨量は減少、物価は下がる。すると、国内で生産される商品の競争力が同一の外国製品よりも高まり、輸入は減って、輸出が増え、貿易赤字は解消にむかう仕組みとなっていた。理論上、金本位制にはこのような自動調節作用がある。一八一六年、イギリスで始まり、十九世紀末に国際的金本位制が成立したが、第一次大戦前後に各国が戦争遂行のため、保有する金以上に紙幣を発行し、通貨量を増やす必要があって同制度を停止。その後も停止と復帰が繰り返されたが、世界経済の規模がかなり大きくなり、金本位制を維持するのは無理となり、現在では管理通貨制度（中央銀行管理の下、紙幣が発行される制度、金の保有高とは無関係）に移行している。

第5章　アメリカの大陸主義の粘り強さ

(1) チャールズ・E・ヒューズ（一八六二―一九四八年）は、ニューヨーク州知事（一九〇七―一〇年）を経て、ハーディング、クーリッジ政権下で国務長官（一九二一―二五年）。一九一〇年に連邦最高裁判所長官（一九三〇―四一年）。ニューヨーク州生まれ。一六年選挙で、共和党の大統領候補となったが、民主党候補のウッドロウ・ウィルソンに敗れた。

(2) 一九二九年の爆発とは、同年十月二十四日、ニューヨーク証券取引所の株価が大暴落し、世界恐慌の引き金となったことを指している。

(3) ジョンソン法とは、一九三四年四月に制定された「外国証券法」。債務不履行に陥った外国政府が、合衆国内で新たに資金を調達するために債券を発行することを禁じた。カリフォルニア州選出の共和党上院議員、ハイラム・ジョンソン（一八六六―一九四五年）氏が主導的役割を演じたためにこう呼ばれている。

（4）エルドラドは、大航海時代にスペインに伝わった南米アマゾン川の奥地にあると想像された黄金郷。

（5）拒否権とは、米大統領が連邦議会に対して有する権限。憲法第七条に規定されている。連邦議会で可決された法律案は、通常、大統領の署名を得て、初めて発効する仕組みとなっているが、大統領がそうした法案への署名を拒否し、発効を妨害することを拒否権の行使という。この場合、大統領は異議の理由を付して、発議した院に送り返すが、両院が三分の二以上の多数でもって、再び、可決すれば、大統領が拒否しても、法律になる。

（6）長年、スペインの植民地であったフィリピンは、一八九八年の米西戦争の結果、アメリカの植民地となったが、その後も、独立を求める運動が続いた。一九三〇年代に入ると、米国内でもフィリピン分離論が台頭した。その背景には①フィリピンからの安価な砂糖とタバコの輸入が米国内産業を圧迫したこと②低賃金のフィリピン人労働者が流入したことを労働界が恐れたこと――などがあった。フィリピン内部でも、米軍基地の存続を認めるかどうかで意見が対立し、何度か、米議会発の独立法案を否決していた。しかし、三四年、ルーズベルト政権下で、十年後の四四年に独立を認めるという内容のフィリピン独立法が成立、その後、フィリピン議会も同法を承認し、最終的には四六年七月四日に独立することが決定した。ただ、太平洋戦争が勃発、フィリピンは日本軍の支配を受け、独立の先行きに暗雲が垂れ込めたが、戦後、主権を回復、当初の予定通りに四六年七月四日、第三共和国が成立した。

（7）ベバリッジは、アルバート・ベバリッジ上院議員のこと。第三章の注（23）を参照。

（8）シェアクロッパーとは、米国南部でそう呼ばれた、いわゆる小作人を指す。農園主から土地や肥料などを借りて小作料を収穫した穀物などで納めた。

（9）一九二〇年の大統領選挙は、共和党候補のウォーレン・ハーディングと民主党候補のジェイムズ・コックスの間で事実上、戦われ、ハーディングが圧勝した。ウィルソン政権下の一八年秋に行われた中間選挙でも、共和党が両院を制していた。第一次世界大戦後の米国ではウィルソン大統領に対する敵対的勢力が大勢を占めるようになっていた。

(10) ヘンリー・ルイス・スティムソン(一八六七—一九五〇年)は、ルーズベルト政権の陸軍長官(一九四〇—四五年)。その前のフーバー政権では国務長官(一九二九—三三年)なども務めた。ニューヨーク市生まれ。保守的な共和党員であり、弁護士。国務長官時代の一九三二年、日本が引き起こした満州事変の後、日本と中国に対して①中国の領土保全、門戸開放に違反し、米国民の権利を侵害するものは一切、認めない②日本が中国と締結する条約・協定で、米国民の権利を侵害するものは一切、認めない③不戦条約に違反するいかなる行動も認めない——とする覚書を手渡した。これが、いわゆるスティムソン・ドクトリンと呼ばれたもので「日本の中国を含むアジアにおける行為はすべて承認しない」という強硬なものだった。

(11) 隔離ドクトリンとは、一九三七年十月五日にフランクリン・ルーズベルト大統領がシカゴで演説した際に中核となった教義。「国際的な無政府状態」を造り出している国家(暗に日本、ドイツ、イタリア三国を指していた)は、国際社会から「隔離」されなければならないことと、合衆国は、中立主義を離れ、平和愛好国と協力して侵略行為を阻止するために集団的安全保障に参加すべきであることが強調された。世界に蔓延する疫病(世界的無法という伝染病)との比喩が使われたために「防疫演説」とも呼ばれた。

(12) 中立法は、合衆国が海外紛争に巻き込まれるのを避けるために一九三五年に制定した法律で、その後、たびたび改正されている。最初の中立法は「交戦国への武器輸出と船舶による武器輸送」を禁じた。三六年には「交戦国への貸し付け」を禁止することも追加した。三七年の中立法は「現金自国船輸送」方式を導入、交戦諸国は米国内の港での現金決済を強いられることになった。しかし、ドイツがポーランドを侵攻し、第二次大戦が勃発すると、三九年十一月にも改正、現金取引と自国船による輸送を条件に、武器禁輸条項を取り除き、連合国に軍需物資を供給できるようにし、事実上、中立法は廃棄された。ルーズベルト大統領は三選を果たした後の四一年三月、武器貸与法を制定、連合国に武器を貸与することになる。

（13）ハウス大佐（一八五八―一九三八年）は、ウィルソン大統領の顧問として活躍した。金融業などに従事後、一八九〇年代から一九〇〇年代まで歴代テキサス州知事の選挙事務総長などを務めた。ハウス大佐はテキサス時代に名付けられた愛称で、本名はエドワード・M・ハウス。一二年の大統領選挙で、ウィルソンを支持し、以後、ウィルソン政権で大統領顧問として人事、外交面で活躍した。特に、第一次世界大戦時に、大統領特使として訪欧、パリ講和会議でも、米代表団に加わった。テキサス州生まれ。

（14）サムナー・ウェルズ（一八九二―一九六一年）については、第1章の訳注（3）を参照。

（15）ポール・マクナット（一八九一―一九五五年）は、米外交官、政治家。インディアナ州生まれ。同州知事（一九三三―三七年）などを経て、フィリピン高等弁務官、フィリピン米大使などを歴任した。ルーズベルト大統領が一九三九年に設立した、連邦社会保障庁（Federal Security Agency）長官（四五年まで）に就任した後、国家総動員体制を構築するために四二年に創設した「戦争総動員委員会」（War Manpower Commission）委員長（四五年まで）も兼務するなど、同大統領と極めて近かった。

（16）第二十五代米大統領ウィリアム・マッキンリー（一八四三―一九〇一年、在職一八九七―一九〇一年、共和党）が主導した外交政策を指している。マッキンリーは、東部を中心とした大資本家の支持を受け、ハワイ併合、フィリピン併合、スペインとの戦争、門戸開放主義の主張など、帝国主義の外交政策を遂行した。

（17）一八九八年に起きた米西戦争で、米艦隊をフィリピンに派遣したことを指している。

（18）東インドとは、広い意味で現在の東南アジアを指す。「インド」（スペイン語でインディアス）は、ヨーロッパで、もともとインダス川の東にあるすべての土地を意味していた。大航海時代、イタリアからインドを目指して大西洋横断の冒険に出たコロンブスが到達した地域（アメリカ新大陸）が「西インド」と言われるようになると、それに対して、現在のインドから東の地域「東インド」と区別されるようになった。

（19）ライン川は、スイス東部のアルプスに源を発し、中部ヨーロッパをほぼ北流して北海に注いでいる。ドナウ川は、ドイツ南西部を水源とし、オーストリア、スロバキア、ハンガリー、ユーゴスラビア、ルーマニア、ブルガリアを流れて、黒海に注いでいる。ヴィスワ川は、ポーランド南部の山脈を水源として、同国内を大きく蛇行しながら北へ流れ、バルト海へと注いでいる。

訳者あとがき

本書は一九四〇年七月、米ニューヨークで出版された Charles A. Beard, *A Foreign Policy For America* (Alfred A. Knopf) を全訳したものである。

米国で公刊されてからほぼ一年半後の一九四一（昭和十六）年十二月（奥付発行日は十二月十四日）に、最初の日本語訳『アメリカの外交政策』（早坂二郎訳、岡倉書房）が出版されている。本書はそれを参考にしつつ、あらためて全面的に翻訳し直し、現代の読者にも読みやすいよう適宜、訳注をつけたものである。

偶然であろうが、旧訳版が世に出たのは日米両国が開戦した直後のことだ。そんな緊迫した時期に敵国の外交政策を論じる本が出版されたのだから、いささか驚きを禁じ得ない。

とはいえ、旧訳版が例外的な存在であったというわけではない。

当時の政府や軍部にとって都合の悪い表現は、検閲で、伏せ字となった。また、訳者が、世情を慮ってか、あえて穏当な表現にしたのではないかと推測できる箇所もあった。

今回の新訳では、そうした部分も原書通りに翻訳し、訳注ではそうしたところを明示してある。

戦時中、沈黙を守る——米外交研究に没頭

本書の著者、チャールズ・A・ビーアドは、二十世紀前半の米国を代表する歴史家であり、政治学者であった。同時に、その発言は米社会で常に注目される大きな存在であった。

ビーアドが原書を出版したのは彼の晩年にさしかかるとき（一九四八年九月に死去）である。すでに欧州では第二次世界大戦が始まっていた。当時、米国でも、参戦すべきかどうか、激しい論争が議会や世論の場で繰り返されており、極めて世情が不安定な時期であった。

当時の米論壇では、ウォルター・リップマンなどの国際派知識人が対英協調路線の論陣を張り、参戦もやむを得ない、としていたが、ビーアドは、そうした路線には与せず、米国が戦争に加わることの愚かしさを説く、反戦派有識者のひとりだった。

当時の世論調査でも、米国民の八〇パーセントの人々が参戦に反対との意思表示を示していたが、そうした立場をいつまで貫くことができるか、流動的だったのも確かである。

そんな情勢下、米世論を参戦へと導く、歴史的大事件が起きた。それが日本の真珠湾攻撃だった。これを機に米国民の厭戦気分は「日本を叩け」へと激変したのである。

そうした世論の変化を巧妙に捉えて、参戦へと舵を切ったのが、フランクリン・ルーズベルト

大統領だった。

戦争が始まると、ビーアドは口を閉ざすようになった。反戦の信念には変わりはなかったのだが、そうした主張を繰り返すことは社会を混乱させるだけだとして、以後、ひたすら沈黙を守り続け、研究に没頭した。

そして戦争が終わると、その間の研究で蓄積したエネルギーを一気に爆発させるかのように、問題作を相次いで発表したのである。

その問題作とは、*American Foreign Policy in the Making 1932–1940: A Study in Responsibilities*（Yale University Press, 1946）と *President Roosevelt and the Coming of the War, 1941: A Study in Appearances and Realities*（Yale University Press, 1948）である。

前者は『「戦争責任」はどこにあるのか――アメリカ外交政策の検証 1924–40』（開米潤・丸茂恭子訳、藤原書店、二〇一八年二月）として、後者は『ルーズベルトの責任――日米戦争はなぜ始まったか』（上下、開米潤監訳、阿部直哉・丸茂恭子訳、藤原書店、二〇一一年十二月）として日本でも出版されている。

今回、新訳を行った本書は、米国では戦争直前に、そして残りの二冊は戦後になって出版されたが、日本語訳は、米国で発表された順序とは逆になっている。

戦後の二冊が明示しているように、ビーアドの沈黙の期間における研究は、主として米国はどうして戦争に巻き込まれなければならなかったのか、に向かった。歴史の表層（Appearances）において、米国は、日本の奇襲を受けるという形で戦争に巻き込まれた。しかし、その直前まで「日米は平和的な関係にあった」（ルーズベルト大統領が議会に宣戦を求めた演説）というのだ。そのような国同士がいきなり戦争を始めるとはどういうことか。日米開戦の原因はどこにあったのか。

ビーアドは、第一次世界大戦が始まった過程を、様々な秘密資料が暴露されたことにより、つぶさに知ることになった。日米開戦についても、同じようなことが繰り返されたのかもしれない。研究が進むにつれて、国民を巧みに戦争へと導いたルーズベルト大統領に対する不信感が募っていったのである。

自分たちには見えない歴史の深層部（Realities）において、ルーズベルト政権は何をしたのか。その謎を解き明かそうとしたのである。

「大陸主義」とは何か

ビーアドが、そうした謎を解き明かそうとした動機の根底には、実は本書で米国民に向かって伝えようとした、建国以来の米外交の理念、あるべき姿があった。

その外交理念というのが「大陸主義」である。原書では“Continental Americanism”などと書かれており、本書では便宜上、「大陸主義」「アメリカの大陸主義」と訳した。

ふたつの単語からなるこの言葉は、南北アメリカ大陸に（米国の）利害関係を集中させることであり、様々な点において、アメリカ大陸の生活様式やアメリカ大陸の伝統に特有の文明を建設することに集中することを意味している。

という。

ビーアドによると、この言葉が体現するところの具体的な外交政策とは、以下の三点に要約される。①ヨーロッパとアジアの紛争や戦争に介入しないこと、②ヨーロッパあるいはアジアの諸国、諸制度、帝国主義的野心がこの西半球に侵入してくることに抵抗すること、③平和的措置については国際協力に積極的に加わること——。

実は「大陸主義」はビーアドの造語である。だが、その原型は、アメリカ共和国の創設者たちによって形成されたという。

米建国史研究の第一人者でもあったビーアドによると、共和国の創設者たちは、革命を成し遂げて長期にわたる戦争を遂行、諸外国との折衝を成功させ、長年にわたる努力を称賛に値する結果へと導いた人々であった。

そんな彼らは、大激動期の混乱や騒擾に直面しつつも、合衆国憲法を起草、施行した。そしてその憲法は、百五十年以上もの間、歴史の暴風雨に耐え忍び、生き延びてきた。

彼らは、選挙で相手方を倒すことに熱狂していても、複雑に入り組んだ外交の場においても、議場で激しい意見を闘わせていても、常に、知識と優れた判断力に欠けることのない人々であった。もし、彼らが行った様々な措置に過失や判断ミスがあったとしても、彼らの長年の努力は、彼らが成し遂げた業績の数々によって報いられた。

彼らは、そうした厳しい経験から、自分たちが維持、発展させていかなければならない共和国の姿を描いた。そうした建国者たちの思いが込められたのが、そして「民主主義が拡大し、アメリカ文明が発展するにつれても、首尾一貫、維持されてきた」のが、この「大陸主義アメリカ」の理念であったという。

「大陸主義」は「孤立主義」ではない

当時、そんな理念は、古くさく、時代にそぐわないと、強く非難する勢力もあった。海外の紛争に積極的に関与しようとしていた帝国主義者や国際主義者がそれだ。こうした勢力から「大陸主義」の理念は「孤立主義」であり、「一国平和主義」にすぎないなどと指弾されたのである。

しかし、ビーアドはそうした議論に敢然と立ち向かった。「大陸主義」の理念は、自分勝手で、曖昧、殻に堅く閉じこもった政策などではなく、「積極的であり、明快なものである」と、根も葉もない批判を一蹴したのである。

欧州の度重なる戦争と混沌から逃れるようにして新大陸にわたったアメリカ人には、「余計な世話を焼かない。相手にも焼かせない」（建国の父、アレクサンダー・ハミルトン）という精神が身に染みついていたという。

自分たちとまったく関係のないところで起きている戦争に、なぜ介入しなければならないのか。自分たちの身に火の粉が降りかかってくるのであれば、それを断固として払いのけるだけだ。そうした態度こそが、米国が目指すべき外交姿勢であり、それが「大陸主義」の理念である。それがどうして「孤立主義」だというのか。

欧州ですでに戦争が始まり、太平洋においてもすぐに戦闘が始まるかもしれない。誰もがそう予想し始めた時期に、ビーアドはこの本を出版したのである。〝戦争屋〟たちの勇ましいだけのかけ声が社会に満ち溢れる中、何とか踏みとどまっていた世論に、アメリカ合衆国の「原点」に立ち返ることを促し、その理論的根拠を示そうとしたのが、本書の最大の狙いであったのである。しかし、戦争を防ぐことはできなかった。そして、彼は沈黙を守った。

米国は「大陸主義」をどうして貫くことができなかったのか。それを阻んだものは誰であり、どんな出来事だったのか。戦時中、研究に没頭していても、そのことを片時も忘れなかったのは、それを解明し、後世に伝えることこそが、歴史家としての自分の使命――二度と、悲惨な戦争にアメリカが巻き込まれないための――だったからである。

チャールズ・ビーアドの最晩年の、いわば米外交論の「三部作」を翻訳し、日本の読者に読んでもらいたいと思い立ったのは、十年以上も前のことである。戦後の二冊に続いて、本書が出版されるに至って、その思いがようやく実を結んだ。

その間、戦後の二冊の共訳者である丸茂恭子さん、阿部直哉さんの協力があってこその仕事であった。

今、三冊をあらためて読み返してみて、ビーアドの〝すさまじさ〟を再認識している。

そして十年越しの仕事を何とかやり遂げることができたのも、藤原書店の藤原良雄社長がその舞台を提供してくれたからこそである。感謝の言葉しか思い浮かばない。何しろ、戦後、何十年もの間、出版界から見放されていた作品ばかりなのだから……。

そして、出版に向けて、献身的に作業を進めてくれた編集部のみなさんに、心から「ありがとう」と伝えたい。

二〇一九年初秋　　　　　　　　　　　　　訳　者

ラ　行

ワ　行

タ　行

ナ　行

ハ　行

マ　行

人名索引

訳注・訳者あとがきを除く本文から人名を採り，
姓名の五十音順で配列した。

ア 行

カ 行

サ 行

ラ行

ワ行

事項索引

著者紹介

チャールズ・A・ビーアド（Charles A. Beard, 1874-1948）

1874年米国インディアナ州生まれ。オックスフォード大学留学，コロンビア大学などで歴史学，政治学を修め，1915年に同大学教授に就任。米国の第一次世界大戦への参戦で，大学総長の偏狭な米国主義に対し，思想信条にそぐわない三人の教授が解雇されたのを機に，昂然と大学を去る。1917年，ニューヨーク市政調査会理事に就任。22年9月，当時の東京市長，後藤新平の招請で初来日。半年間に亘る調査・研究成果の集大成が『東京市政論』で，日本の市政研究の先駆けともなった。翌23年関東大震災直後に後藤の緊急要請で再来日。東京の復興に関する意見書を提出するなど「帝都復興の恩人」として活躍。後に，焦土と化した戦後の日本の都市計画にも示唆を与えた。米国政治学会会長，米国歴史家協会会長を歴任。1948年9月，コネチカット州で死去。享年74。

邦訳された著書に，ルーズベルト大統領の戦争責任に迫った *President Roosevelt and the Coming of the War, 1941*（1948. 開米潤監訳『ルーズベルトの責任——日米戦争はなぜ始まったか』上・下, 2011年）, *American Foreign Policy in the Making, 1932-1940*（1946.『「戦争責任」はどこにあるのか——アメリカ外交政策の検証 1924-40』2018年，以上藤原書店刊），*An Economic Interpretation of the Constitution of the United States*（1913. 池本幸三訳『チャールズ・A・ビアード』研究社出版，1974年），*Contemporary American History, 1877-1913*（1914. 恒松安夫訳『米国近世政治経済史』磯部甲陽堂，1925年），*The Economic Basis of Politics*（1922. 清水幾太郎訳『政治の経済的基礎』白日書院，1949年），*The Administration and Politics of Tokyo: A Survey and Opinions*（1923.『東京の政治と行政〈東京市政論〉』東京市政調査会，1923年），*The American Party Battle*（1924. 斉藤真・有賀貞訳『アメリカ政党史』東京大学出版会，1968年），*The American Spirit*（1942. 高木八尺・松本重治訳『アメリカ精神の歴史』岩波書店，1954年），*The Republic*（1943. 松本重治訳『アメリカ共和国』社会思想研究会，1949-50年。新版みすず書房，1988年），ビーアド夫人との共著 *A New Basic History of the United States*（1944. 松本重治・岸村金次郎・本間長世訳『新版 アメリカ合衆国史』岩波書店，1964年），ほかに『ビーアド博士講演集』（東京市政調査会，1923年），『チャールズ・A・ビーアド』（東京市政調査会，1958年）などがある。

訳者紹介

開米潤（かいまい・じゅん）
1957年福島県いわき市に生まれ育つ。東京外国語大学卒業後，共同通信社記者，『外交フォーラム』編集顧問などを経て株式会社メディア グリッドを設立，その代表に就任。政治，経済，国際問題など幅広い分野でジャーナリスト活動を行う。著書『松本重治伝――最後のリベラリスト』（2009年），監訳書『ルーズベルトの責任』上・下（ビーアド著），訳書に『「戦争責任」はどこにあるのか――1930年代アメリカ外交政策の研究』（ビーアド著），編著『ビーアド『ルーズベルトの責任』を読む』（2012年，以上藤原書店）。

大陸《たいりく》主義《しゅぎ》アメリカの外交《がいこう》理念《りねん》

2019年 12 月10日　初版第 1 刷発行©

訳　者　開　米　潤
発行者　藤　原　良　雄
発行所　株式会社　藤　原　書　店

〒 162-0041　東京都新宿区早稲田鶴巻町 523
電　話　03（5272）0301
F A X　03（5272）0450
振　替　00160 - 4 - 17013
info@fujiwara-shoten.co.jp

印刷・製本　精文堂印刷

落丁本・乱丁本はお取替えいたします
定価はカバーに表示してあります

Printed in Japan
ISBN978-4-86578-247-9

後藤新平の全仕事に一貫した「思想」とは

シリーズ 後藤新平とは何か

——自治・公共・共生・平和——

後藤新平歿八十周年記念事業実行委員会編

四六変上製カバー装

■後藤自身のテクストから後藤の思想を読み解く、画期的シリーズ。

■後藤の膨大な著作群をキー概念を軸に精選、各テーマに沿って編集。

■いま最もふさわしいと考えられる識者のコメントを収録し、後藤の思想を現代の文脈に位置づける。

■現代語にあらため、ルビや注を付し、重要な言葉はキーフレーズとして抜粋掲載。

自　治

特別寄稿＝**鶴見俊輔・塩川正十郎・片山善博・養老孟司**

医療・交通・通信・都市計画・教育・外交などを通して、後藤の仕事を終生貫いていた「自治的自覚」。特に重要な「自治生活の新精神」を軸に、二十一世紀においてもなお新しい後藤の「自治」を明らかにする問題作。**「自治三訣」**収録。

224頁　**2200円**　◇978-4-89434-641-3（2009年3月刊）

官僚政治

解説＝**御厨 貴**／コメント＝**五十嵐敬喜・尾崎護・榊原英資・増田寛也**

後藤は単なる批判にとどまらず、「官僚政治」によって「官僚政治」を乗り越えようとした。「官僚制」の本質を百年前に洞察し、その刊行が後藤の政治家としての転回点ともなった書。

296頁　**2800円**　◇978-4-89434-692-5（2009年6月刊）

都市デザイン

解説＝**青山佾**／コメント＝**青山佾・陣内秀信・鈴木博之・藤森照信**

「都市計画の父」と謳われた後藤新平の都市計画に関する主要論稿を収録。

296頁　**2800円**　◇978-4-89434-736-6（2010年5月刊）

世界認識

解説＝**井上寿一**

コメント＝**小倉和夫・佐藤優・V・モロジャコフ・渡辺利夫**

日露戦争から第一次世界大戦をはさむ百年前、今日の日本の進路を呈示していた後藤新平。地政学的な共生思想と生物学的原則に基づいたその世界認識を、気鋭の論者が現代の文脈で読み解く。

312頁　**2800円**　◇978-4-89434-773-1（2010年11月刊）

戦後「日米関係」を問い直す

「日米関係」からの自立

（9・11から　イラク・北朝鮮危機まで）

C・グラック／和田春樹／姜尚中

姜尚中編

対テロ戦争から対イラク戦争へと国際社会で独善的に振る舞い続けるアメリカ。外交・内政のすべてを「日米関係」に依存してきた戦後日本。アジア認識、世界認識を阻む目隠しでしかない「日米関係」をいま問い直す。

四六並製　二二四頁　二二〇〇円
（二〇〇三年二月刊）
品切◇978-4-89434-319-1

忍び寄るドル暴落という破局

「アメリカ覇権」という信仰

（ドル暴落と日本の選択）

トッド／加藤出／倉都康行／佐伯啓思／榊原英資／須藤功／辻井喬／バディウ／浜矩子／ボワイエ＋井上泰夫／松原隆一郎／的場昭弘／水野和夫

〝ドル暴落〟の恐れという危機の核心と中長期的展望を示す、気鋭の論者による「世界経済危機」論。さしあたりドル暴落を食い止めている、世界の中心を求める我々の「信仰」そのものを問う！

四六上製　二四八頁　二二〇〇円
（二〇〇九年七月刊）
◇978-4-89434-694-9

総勢四〇名が従来とは異なる地平から問い直す

「日米安保」とは何か

塩川正十郎／中馬清福／松尾文夫／渡辺靖＋松島泰勝＋伊勢﨑賢治＋押村高／新保祐司／豊田祐基子／黒崎輝／岩下明裕／原貴美恵／丸川哲史／丹治三夢／屋良朝博／中西寛／櫻田淳／大中一彌／平川克美／李鍾元／モロジャコフ／陳破空／武者小路公秀／鄭敬謨／姜在彦／篠田正浩／吉川勇一／川満信一／岩見隆夫／藤原作弥／水木楊／小倉和夫／西部邁／三木健／榊原英資／中谷巌ほか

四六上製　四五六頁　三六〇〇円
（二〇一〇年八月刊）
◇978-4-89434-754-0

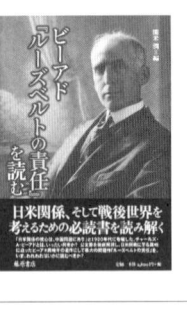

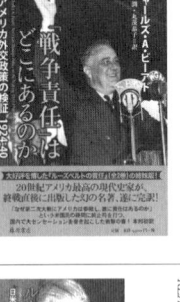

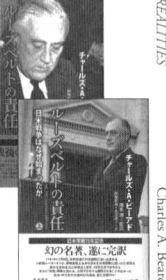